高等学校试用教材

海外房地产估价

王学涵　刘金昌　主编

中国建筑工业出版社

本书内容包括：概述、海外房地产估价制度、海外房地产估价程序、海外房地产估价方法、海外房地产估价专业组织简介等五章；并附有房地产常用英语单词和词组汇集。

本教材比较系统地介绍海外房地产估价方面的基本理论、基本知识和基本方法，并对各国（地区）的估价制度、估价程序、估价方法作了比较分析。

本教材是房地产经营与管理专业的必修内容，既可作为大专院校的教材，又可作为房地产评估人员和有关管理人员的培训教材或参考书，也可供从事海外房地产开发的人士参考。

高等学校试用教材

海外房地产估价

王学涵　刘金昌　主编

*

中国建筑工业出版社出版、发行(北京西郊百万庄)

新华书店总店科技发行所发行

北京市兴顺印刷厂印刷

*

开本：787×1092毫米　1/16　印张：9　字数：218千字

1996年11月第一版　　2000年12月第二次印刷

印数：901—2400册　定价：**9.40**元

ISBN 7-112-02794-2

TU·2150　（7904）

前　言

　　本教材是房地产经营与管理专业的必修内容。编写工作由建设部人事教育劳动司组织领导，在专业指导委员会、专科专业筹备组的统筹安排和指导下进行的。

　　全书内容包括：概述、海外房地产估价制度、海外房地产估价程序、海外房地产估价方法、海外房地产估价专业组织简介等，并附有房地产常用英语单词和词组汇集。

　　在收集资料和编写教材过程中得到了有关同志的支持和帮助，湖南城市建设专科学校张协奎副教授参与了教材编写大纲的讨论，苏州城建环保学院沈范荣副教授也给予很大的支持，特此表示感谢。

　　本书由哈尔滨建筑大学王学涵、刘金昌主编，深圳市建设定额价格管理站、深圳市物业估价所陈广言主审。编写人员为哈尔滨建筑大学刘金昌（第一、二章）、杨德忱（第三章）、王学涵（第四、五章和房地产常用英语单词和词组汇集）。

　　由于编者水平有限，资料收集不够完善，教材肯定不尽完美，甚至有错误之处，请有识之士指正。

目 录

第一章 概述 …………………………………… 1
  第一节 房地产估价的基本概念 …………… 1
    一、房地产估价的对象与定义 …………… 1
    二、房地产估价的范围 …………………… 4
    三、房地产价格的形成原因和影响
      因素 ………………………………… 5
  第二节 房地产估价的必要性 ……………… 9
    一、房地产估价的作用 …………………… 9
    二、房地产估价的社会需要 ……………… 10
第二章 海外房地产估价制度 ……………… 11
  第一节 概述 ………………………………… 11
    一、从事房地产估价的人员要具有
      一定的条件 ………………………… 11
    二、通过登记注册控制房地产估价
      师的条件 …………………………… 11
    三、从事房地产估价机构的条件及
      登记管理 …………………………… 12
    四、制定法规对房地产估价人员及估价
      机构的行为加以约束 ……………… 12
    五、制订估价人员的职业道德和修养
      准则，并建立相应的惩罚制度 …… 12
    六、房地产估价应具有独立性，并令其对
      所估价格负责任 …………………… 13
  第二节 各国（地区）房地产估价
      制度 ………………………………… 13
    一、日本的估价制度 ……………………… 13
    二、韩国的估价制度 ……………………… 17
    三、美国的估价制度 ……………………… 25
    四、英国的估价制度 ……………………… 27
    五、新西兰的估价制度 …………………… 29
    六、香港的估价制度 ……………………… 30
    七、德国的估价制度 ……………………… 34
  第三节 各国（地区）房地产估价制度
      分析与比较 ………………………… 38
    一、各国（地区）房地产估价管理

机构的设置 …………………………… 38
    二、各国（地区）房地产估价人员的
      培养和考核制度 …………………… 39
    三、各国（地区）对房地产估价师的
      登记注册制度 ……………………… 42
    四、对房地产估价人员和专业机构的
      管理制度 …………………………… 43
第三章 海外房地产估价程序 ……………… 45
  第一节 各国（地区）房地产估价的基本
      程序 ………………………………… 45
    一、明确估价的基本事项 ………………… 45
    二、拟定估价作业计划 …………………… 49
    三、实地勘察 ……………………………… 49
    四、相关资料的搜集与分析 ……………… 50
    五、选择估价方法计算及决定估价额 …… 51
    六、撰写估价报告书 ……………………… 52
  第二节 各国（地区）房地产估价程序
      的差别 ……………………………… 54
    一、由评估范围不同所引起的差别 ……… 54
    二、由估价制度不同所引起的差异 ……… 55
    三、由社会经济制度及管理体制不同
      所导致的差异 ……………………… 55
    四、由估价方法运用所引起的差异 ……… 55
    五、由阐述问题的详略程度和角度
      不同所导致的差异 ………………… 56
    附录一 表格式估价报告 ………………… 56
    附录二 自由式估价报告 ………………… 58
第四章 海外房地产估价方法 ……………… 61
  第一节 各国（地区）房地产估价的
      基本方法 …………………………… 61
    一、房地产估价的原则 …………………… 61
    二、市场资料比较法 ……………………… 64
    三、成本估价法 …………………………… 72
    四、收益还原法 …………………………… 78
  第二节 各国（地区）房地产估价方法

的特点 …………………… 84　　　　组织 …………………… 114

　一、房地产估价原则的特点 ……… 84　　　一、美国的房地产估价专业组织 ……… 114

　二、在运用估价方法上的特点 ……… 87　　　二、日本的房地产估价专业组织 ……… 116

　三、其他的估价方法 …………… 94　　第二节　英国和香港地区房地产估价

　四、日本房地产评估 ………… 108　　　　专业组织 …………………… 117

　五、香港房地产评估 ………… 109　　　一、英国的房地产估价专业组织 ……… 117

第三节　各国（地区）房地产估价方法　　　二、香港地区的房地产估价专业

　　　的比较 …………………… 110　　　　组织 …………………… 118

　一、活跃、健全的房地产市场 ……… 110　　第三节　部分其他国家房地产估价专业

　二、城市规划的限制 ………… 111　　　　组织 …………………… 122

　三、土地所有制 ……………… 111　　　一、德国的房地产估价专业组织 ……… 122

　四、房地产市场的趋势 ………… 112　　　二、新西兰的房地产估价专业组织 ……… 122

　五、投机行为 ………………… 113　　　三、韩国的房地产估价专业组织 ……… 123

第五章　海外房地产估价专业组织　　房地产常用英语单词和词组汇集 ……… 124

　　　简介 …………………… 114　　参考书目 …………………… 138

第一节　美国和日本房地产估价专业

第一章 概 述

第一节 房地产估价的基本概念

一、房地产估价的对象与定义

（一）房地产估价的对象

房地产估价的对象是房地产。房地产估价是研究房地产在生产、流通、消费的经济活动中有关价格和价值问题的一门科学，是在确定房地产商品价值的基础上，综合考虑各种影响其价格的因素，将房地产商品以货币的形式表现其价值的估算推测。房地产是人们生活和生产所必须的最基本条件和要素，是人们的主要财产形式。在市场经济中，它是一种较昂贵的商品。房地产是一部分财产的总称，包括内容较广。对于从事房地产的估价者，充分了解房地产的含义是非常必要的。

房地产是指建筑物、土地以及固着其上不可分离的部分。但是，由于固着的不可分离部分，如建筑物的给排水、采暖、电器照明、卫生、通讯、电梯等设备，土地上的树木等，往往被看作是建筑物和土地的组成部分，因此也可以说房地产是指建筑物和土地两部分。

在人们进行房地产估价的实际活动中，所遇到的对象往往并不都是包括建筑物和土地组合的整体，单纯的建筑物或单纯的土地都是房地产存在的形态，可作为一个独立的估价对象。综上所述，作为房地产估价的对象可以分为以下几种：

房地 它是指建筑物及其坐落的土地组合成一体的合成体。若是说房地价格，即建筑物和土地都在内的价格。

建筑物 它是仅指建筑物及其固着其上的设备部分。若是说建筑物价格，不含有它所坐落土地的价格。

土地 它仅指土地及固着其上的树木等部分。若是说土地价格，即是指无建筑物空旷土地的价格或不包括其上的建筑，仅指土地本身的价格。

房地产是泛指土地、建筑物或土地建筑物合成一体，它既可以是土地，也可以是建筑物，还可以是土地与建筑物的合成体，即通常所说的房地产估价对象。

在实际的房地产估价工作中，当土地上建有建筑物，二者合成一体时，往往根据估价的目的，如为了征收土地税或确定土地使用权出让金额，需要单独以土地作为估价对象；如为了建筑物确定火灾保险的投保价值或拆除建筑物补偿金额，需要单独以建筑物作为估价对象。

房地产，在国外法律中，通常也称为不动产。它是相对于动产而言，最根本特点是不能移动其位置。即是其位置固定，不可移动的财产。世界各国（地区）的叫法和含义也不完全相同。

美国的不动产概念包括两个层次的含义，一是把土地和建筑物等固着物当作一个整体；

二是把土地和建筑物等固着物及附带的各种权利，如占有权、享用权、管理权、处理权等，合在一起，当作一个整体。日本的不动产概念是土地及其定着物为不动产。台湾的不动产概念，依《民法》规定："称不动产者，谓土地及其定着物。不动产之出产物，尚未分离者，为该不动产之部分。"所谓土地定着物，是指继续定着于土地，在不容易分离的状态下使用的。种植的树木也是土地的定着物，暂时种植者为动产。通常认为与土地分离而使土地发生变更，或因分离而需要花费相当的劳力和费用的，即可称为定着物。香港通常使用"物业"一词，所谓物业解释为：物业是单元性地产。一住宅单位是一物业，一工厂楼房是一物业，一农庄也是一物业。故物业可大可小，大物业可分割为小物业。

在了解了房地产的概念之后，再对其主要组成部分，土地和建筑物作进一步明确。

土地　一般解释可分为三种，一是指地球表面的陆地，包括土地表面、地表下和其垂直空间。二是指地球表面的陆地和被水覆盖的部分，水覆盖部分指海洋、江河、湖泊、池塘等。三是指自然资源，还包括日光、空气、水、热能、风力等自然赋予的一切有形和无形的自然力在内。

对于房地产估价来说，土地主要是指包括地上空间和地下空间的地表，其范围可以从"纵"、"横"两个方面观察。在横的方面，土地本是连绵无垠，无所谓范围，但可用人为方法划野分疆，其范围即为土地的疆界所围绕的面积。在纵的方面土地可分为地面、地面以上的空间、地面以下的空间。如《牛津法律大辞典》写道："一般来说，土地的所有权包括土地的上空和地表下面一直到地球中心的土地，正如一句格言所表述的：土地属谁所有，土地的上空及地下也属谁所有。"

现实生活中，拥有一块土地，其使用、支配权要受到多方面的制约。地下矿藏、埋藏物等是否自动地归属于土地拥有者，世界上各个国家和地区的规定不同。在欧洲许多国家，土地所有权与地下资源所有权是分开的。在加拿大，土地上面一定高度的空间已不再被承认为地产的一部分。在美国，土地所有者同时也拥有地下的一切财富，所以地主可以自由开采地下资源。台湾的地下矿藏与土地是分开的。

不同的国家对土地的使用，支配权有不同的限制，从事房地产估价的人员应当充分了解做出正确的估价。

建筑物　建筑物是指人工建筑而成的物体。它包括房屋和构筑物两大类。房屋是指能够遮风避雨并供人居住、生产、储藏物品或进行其他活动的工程建筑，一般由基础、墙、门、窗、柱和屋顶等主要构件组成；构筑物则是指除房屋以外的工程建筑，人们一般不直接在内进行生产和生活活动，如桥梁、水井、隧道、水坝、烟囱、水塔、道路等。

可见，住宅、房屋、建筑物概念不同，住宅是指人们的生活用房，是房屋中的一种，房屋不仅包括生活用房，而且包括厂房、仓库和商业、服务、文化、教育、办公、医疗、体育等用房。建筑物的范围更广，包括房屋及其以外的构筑物。

综上所述，房地产的概念可以用图 1-1 表示。

（二）房地产估价的定义

价值是属于商品生产和商品交换的一定历史条件下的经济范畴，只有劳动产品成为商品时，人类劳动才表现其价值。因此，房地产资源只有作为商品进入市场流通，房地产商品才有价值和价格的概念。房地产作为商品进入流通市场进行交换，就存在一个交换价值和价格问题。它的价值或价格如何确定和预测呢？一般人不可能充分了解房地产价格的有

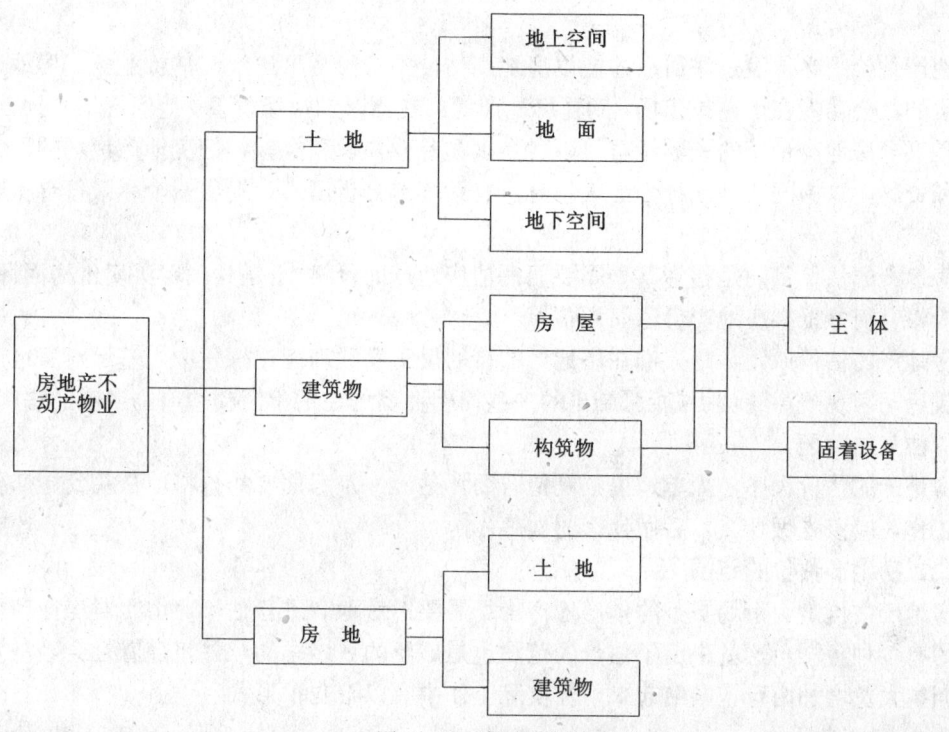

图 1-1 房地产概念图示

关知识，确定正常的价格，只能借助专业人士，根据特定的目的，依照法定的标准和程序，运用专门的科学方法，采用一定的货币单位，并参照市场供求、社会环境、政策法令以及其他影响因素，公正地、合法地、科学地对房地产价值进行评定和估量，或对其最可能客观的合理价格作出推测与判断，这一过程就是房地产估价。或简要定义为：为特定目的评估房地产的特定权益于特定时间的价值的艺术与科学。

房地产估价又称房地产价格评估、房地产评估或房地产评价。由于房地产商品价值构成比较复杂，价格又高，并受市场供求，客观环境、政策因素等多方面影响。因而，房地产商品价格的制定，测算也比较复杂，并成为一项专门的学问。一般地说，房地产估价是从工程上，技术上测算投入在房地产商品中的社会必要劳动量的货币表现，也就是对房地产价格"实体性构成因素"的估算。但是，在实际工作中经常是在"估价"基础上对房地产价格的综合评定。确切地应叫"评估"。评估当然以估价为基础，但是更多地要考虑市场因素，社会因素等各方面的影响和制约，或者应该从经营、投资决策、房地产开发、商品经济运行、房地产价值增值等角度考虑房地产资源的现值，乃至未来的价值——房地产投资的预期效益。严格地从科学意义上划分"估价"与"评估"是有区别的。两者共同点都要测算房地产商品的价格，但是评估的内容更丰富一些。出于通俗和已成为习惯，一般皆称为"房地产估价"。日本和韩国称为不动产鉴定评价，简称不动产鉴定；台湾大多称不动产估价，也有称不动产鉴定的；香港称为物业估价。

所谓房地产专业估价人员，是指经房地产估价师资格考试合格，由注册管理部门审定注册，取得资格证书后专门从事房地产经济价值的评估，并将其结果用价格来表示的专业技术人员。现在世界上许多国家和地区都建立有房地产估价制度，如日本、韩国、美国、英国、新西兰、德国、香港等，都规定没有取得估价师资格的人员不能从事房地产估价业务。我国大陆目前正在着手建立房地产估价制度，制定房地产估价师注册试行办法，并且将规定房地产估价师必须经过注册后才能以房地产估价师身份从事房地产估价业务。房地产估价人员的社会功能在于剖析市场，阐释房地产商品在当时的市场价值。他们既不是预言家，更不是领导房地产价值的先驱者，只不过是以本专业知识和经验，把房地产市场的不完全信息和资料，以中间人（或称公证人）身份有系统地分析出来，提出一个尽量符合实际的价值。

房地产的估价目的是指为某种需要而评估房地产的价格，于是为确定买卖价格而评估，或是为银行衡量抵押房地产价值而评估等。

房地产的估价原则，是人们在房地产估价的反复实践和理论探索中，基于对房地产价格形成运动客观规律的认识，所总结出的一些简明扼要的在估价活动中应当遵守的法则，标准或应注意的问题。

房地产的估价程序，简单地说，是指若要评估出一宗房地产的价格，从头到尾需要做哪些工作，应该先做什么，后做什么的次序。

二、房地产估价的范围

房地产估价是为市场服务的，房地产市场需要对房地产进行估价。由于对房地产估价的目的有各种各样，这就决定了估价的范围也是广泛的，多样的，并将随着社会经济发展而不断扩大及增加内容。归纳起来，在实际工作中有以下几种形式：

1. 住宅价格评估

在住房制度改革中，公有制住房出售价格的评估。

2. 拍卖标底估定

作为土地所有者的国家在公开拍卖土地使用权或因债权、债务的清偿、政府依法拍卖房地产时，其拍卖的底价须由估价部门估定。

3. 市场交易价格的估定

房地产在市场交易中的价格（市价或市值）的估定。

4. 租赁价格估定

租赁价格估定是指房地产出租时租赁价格（租金）的确定。

5. 固定资产核算中的估价

企业从事扩大再生产时，对固定资产的核算中，房地产价格的估价。

6. 固定资产清算中的房地产评估

企业在合资、合作、合营、企业破产后的兼并，进行固定资产的清算中房地产物业的评估，以确定利益的分配。

7. 房地产物业现时用途价值的估定

它是指已有房地产现时的用途价值，特别是拆迁补偿、产权纠纷、企业兼并和股份化多需作现时的估值。

8. 抵押价值估算

抵押价值估算是以房地产物业作为抵押向银行贷款（抵押贷款）时价值的确定。

9. 投保、保险的产业价值估价

当房地产投保或保险时，要以投保或保险为目的进行房地产价值估价。

10. 征收房地产税的价值评估

政府征收房产税、土地使用税、土地增值税、印花税等时，房地产价值的评估。

11. 招标底价估定

政府出让土地使用权或房地产开发公司转让土地使用权，用招标方式进行的，其标底则通过估价测定。

12. 为处理房地产纠纷的估价

法院为处理房地产纠纷，需要对房地产估价。

13. 政府管理房地产市场确定有关价格指数

政府有关部门作为调控和指导房地产市场运作，公布房地产有关价格指数。

三、房地产价格的形成原因和影响因素

（一）房地产价格的形成原因

通常认为房地产价格是房地产经济价值的货币形式。房地产具有经济价值是因为房地产本身的效用、房地产的相对稀缺性和房地产的有效需求的原因。

房地产的效用　它是指人们占有、使用房地产而得到的某些功能的满足。房地产是人们生长和生存的必要条件之一，如人们占有土地可以在其范围内建造房屋、耕种、养殖、修建跑马场、高尔夫球场等；人们拥有房屋可以居住、开工厂、办学校、做密闭仓库。房屋具有防风、防雨、保暖的功能，使人们获得生活、生产的必要条件，乃至优美和豪华的环境、舒适的享受和足够的安全感。假如房地产没有效用，人们就不会产生占有的要求和欲望，无人问津，也就不会有房地产价格。

房地产的相对稀少性　它是指房地产的数量和质量比起人们对其需求的欲望，在一定范围内处于相对不满足状态。物品的效用，并不一定直接产生该物品的经济价值，如果其数量足够丰富，信手拈来，随时可以自由获得，它便没有价格，如空气，虽然在人们生活中是一种必不可少的物质，然而自古以来却没有人为空气标出价格。

房地产的有效需求　在当今的社会中已形成了对房地产的购买能力。世界上很多国家已出现了房地产市场，房地产交易在市场经济中占有相当的比例和重要的地位。人们根据已有的购买能力形成自己的有效需求，在房地产的交易中，获得应有的满足，使房地产价格的发生成为现实。

房地产价格的形成是由房地产的效用、房地产的相对稀缺性和对房地产的有效需求三者相互结合，共同作用的结果。在实际房地产的交易中，以上三个方面的情况是随着交易对象，时间不同而变化的，因此房地产的价格也有高低区别、上涨与跌落。

（二）房地产价格的影响因素

影响房地产价格的因素很多。房地产价格是由其所有影响因素综合作用的结果，并且各种因素对房地产价格的影响情况和程度不同。同一种影响因素，随着时间、地区或者对象不同，影响也可能发生变化；某些因素对房地产价格的影响可以定量的用数学公式计算，大多数因素的影响情况是无法定量的，只能靠估价员的经验，作出判断；有些影响因素之间并不是完全独立的，为了研究其影响情况都是假定其他因素是不变的。

为了研究方便，通常按影响因素的作用范围将其分为：房地产本体因素，地区因素，一般因素及其他因素。

1. 房地产本体因素

它是指房地产本身的条件对其价格形成产生的影响因素。又分为地产本体因素和房产本体因素。

（1）地产本体因素

位置因素 每个房地产都有自己所在的固定位置，位置不同直接影响所有者和使用者的社会交往、经济收益或使用功能的满足。因此，房地产坐落的位置对地产和房产的价格都有较大的影响。一般情况，凡接近经济活动中心，商业高度发展的地带，交通要道，其价格必然昂贵，否则相反。房地产的自然地理位置是固定不变的，其对价格的影响却并不是一成不变的，随着社会的发展，其周围的社会经济和环境等情况变化之后，房地产的位置优劣情况也在改变，其价格也跟着改变。

地质条件 地质条件主要是指地基的承载力，城市的土地主要用于建造建筑物，地质条件将影响建筑物的工程造价，尤其在现代城市建设向高层发展的情况下，更是如此。地质条件对地价的影响是，地质条件好，地价较高，否则相反。

地形地势 地形地势是指某块土地的地面起伏形状和该地块与其相邻土地的高低关系。地形地势主要影响建筑物成本和使用价值，从而影响其价格。通常，土地平坦，地价较高，否则较低；地势较高房地产价格高于地势低洼的价格。在倾斜的坡地上，斜面向阳的地价高于背阴的地价。

土地面积 土地的面积大小决定其效用，因此对地价的影响也较大。通常，土地面积狭小，不利于开发利用，其效用较差，地价较低。但特殊情况例外，当某小块的土地影响其毗邻土地的利用价值时，则其可能买得高价。土地面积与地价的关系是可变的，因地段和消费习惯差异而不同。在城市繁华地段，面积因素影响程度大，因为要建各种大厦，大面积地段能发挥较大的效用，如果某地方仅习惯建造小型建筑物，则大面积土地的价格将会降低。

土地形状 土地形状可能是矩形、正方形、三角形或其他不规则形状，它对地价也有影响。通常，矩形的土地比不规则的土地利用方便，效用大。土地的宽度与深度的比例对商业建筑用地影响也很大，宽度大、深度浅的土地上的商业建筑可以充分发挥全面积的效用，而对于住宅建筑则影响不大。

日照、湿度和通风 日照、湿度和通风与人们的健康有密切关系，它对房地产价格的影响也很大。通常，受到周围巨大建筑物或其他东西遮挡的房地产价格要低于同等条件下无遮挡的房地产的价格。

（2）房产本体因素 房屋本体对其价格的影响因素也很多，除了上述与土地相同的一些因素以外，建筑物的本体影响因素还有：

建筑物的外观 建筑物的外观式样、颜色和风格属于建筑艺术范畴，本身构成一种价值，对其价格的影响很大。一座在建筑艺术上的名作，将使身价百倍。就一般而言，外观新颖，艺术水平高，价格亦高；反之，价格则低。

建筑物的类型和质量 建筑物按其用途分为民用建筑和工业建筑，同时，民用建筑又分为居住建筑和公共建筑等类型。不同类型的建筑物使用功能不同，构造和设计要求也不同，因此，房产的价格不同。然而相同类型的建筑物，施工质量对房屋的使用功能、外观效果、寿命等影响很大，因此，它对房屋的价格影响也很大。

建筑物的建筑和装饰等级 建筑物的建筑和装饰等级不同，建筑物的价格也不同。通常建筑物的等级越高其结构和装饰的等级越高，所用的材料费、人工费和机械台班使用费越高，其他费用亦随之增高。其建筑物的造价越高，房产价格也越高。

房屋设备　房屋设备主要指室内的水、暖、电、卫生、空调、通讯等设备。通常，房屋的各种配套设备占总造价的 15%～20%，高级宾馆和住宅占的比例更大，因此，房屋设备标准对房产造价影响较大。

除此之外，房屋的楼层和朝向，旧房屋的完损状态等都影响房屋的价格。

2. 区域因素

影响房地产价格的区域因素是指房地产所在地区的局部因素。只对该地区房地产价格产生影响的因素。由于使用类别不同，对其所在地区的有关因素，敏感程度不同，根据日本房地产评价标准，将住宅区、商业区和工业区的主要的区域因素分别叙述如下：

（1）住宅区　日照、温度、湿度、风向等气候条件；当地居民的职业、教育水平、社会阶层等居住环境的状况；街道的宽度、构造等状况；离市中心的距离及交通设施状况；商业街的配置状况；上下水道，煤气等设施状况；学校、公园、医院等的配置状况；变电所，污水处理场等危险设施或污染源的状况；洪水、地震等灾害发生的程度；噪声，空气污染等公害发生的程度和公共卫生状况；各宗地的面积、配置及利用状况；眺望、景观等自然环境状况；土地利用和住房管理制度等均为住宅区的区域因素。

其中离市中心的距离及交通设施状况，与居住环境是否优良等因素尤为重要。

（2）商业区　腹地的大小及顾客的质与量；顾客的交通手段及交通状况；营业类别及竞争状况；该地区经营者的创造力与资信状况；繁荣程度与盛衰状况；土地利用的管制程度等因素。商业区房地产的价格主要受收益程度影响，以上是决定收益程度的基本因素。

（3）工业区　房地产与产品市场及原材料采购市场的位置关系；道路、港口、铁路等运输设施的建设状况；动力资源及排水费用；劳动力市场的供求状况；与相关产业的位置关系；水质污浊、空气污染等公害发生的危险性；行政上的辅导与管制程度等均为工业区的区域因素。

判定工业区的良否，最重要的是工业用水的质与量以及运输的便利与否。

3. 一般因素

影响房地产价格的一般因素通常是指对房地产价格产生全盘影响的共同因素。其主要内容分为：社会因素、经济因素、行政因素及国际因素等。

（1）社会因素　影响房地产价格的社会因素是指在社会发展中出现的普通社会问题对房地产价格产生的影响的因素。其主要有：人口状态、家庭规模、社会稳定和治安情况等因素。

人口状态　社会因素中，最主要的是人口状态，包括人口的数量和人口的素质。人口数量与房地产价格的关系非常密切，人口增加，则房地产的需求增大，或者是人口集中到某地区，则该地区的房地产需求也增大，同样使房地产的价格上升。人口素质的提高，人们对文化、物质生活水平的要求越来越高，对公共设施要求日益完善和普遍，对居住条件和环境要求宽敞舒适，必然导致增加房地产的需求和房地产价格上涨。

家庭规模　家庭的规模已由几代人同居一处的大家庭,变成为以夫妻为中心的小家庭,需要居住的单元显著增加，促使房地产价格上涨。

社会的稳定和治安　通常，社会政治不安定，可能出现动荡，则房地产价格也会低落。某地区的社会治安不好，小偷、抢劫、强奸、杀人等犯罪活动经常发生，人们的生命财产缺乏安全保障，不愿在这里居住，则房地产价格自然要低落。

社会的发展，促使农村人口向城市集中，也会造成城市房地产价格的上涨。

（2）经济因素　影响房地产价格的经济因素主要是指经济发展状况对价格的影响，包括：经济发展、物价、居民收入、财政与金融、税收负担、工资和就业水平等。

经济发展　经济发展预示着投资生产活动活跃，对办公、住宅、厂房、商场和各种公共建筑房屋需求不断地增加，从而使房地产价格上涨，尤其是地价上涨。如80年代的日本、韩国、台湾、香港等国家和地区经济的高速增长，房地产价格也随之大幅度地上涨。

物价　房地产价格与一般物价的特点不同，但它仍属物价中的一种。通常，物价变动，房地产价格也随之变动，两者动向相一致。如建筑材料、食品价格上涨，引起建筑物建造成本增加，房地产价格上涨。从一个较长时期内考察，地价的上涨率要高于物价和国民收入的上涨率。在房地产的价格中，土地价格、建筑物价格和房地价格，或者不同类型的房地价格变动幅度和方向是不完全同步的。

居民收入　居民收入的真正增长而非通货膨胀下的数量变动，则显示人们生活水平的提高。通常他们要求改善居住与活动的条件，对房屋的需求增大，使得房地产价格上涨。其影响程度，则由收入增加的水平和边际消费倾向大小而定。

财政与金融　财政和金融状况直接影响房地产的价格。财政和金融不景气，会导致银根紧缩，若长期下去，将导致房地产需求减退，房地产市场受到强烈冲击，供应量也会激剧下降，出现萧条和萎缩，使房地产价格大大下降，反之亦然。

租税负担、工资和就业水平　租税负担状况影响企业的收入，租税负担加重，企业财务受到影响，通常抑制固定资产的增加，使房地产价格下降。工资和就业水平高的地区，人们的收入增高，生活富裕，房地产价格也高，否则相反。

（3）行政因素　影响房地产价格的行政因素是指政府有关部门，利用权利，行使管理职能制定的影响房地产价格的制度、政策、法规和采取的行政措施。

土地制度　有关土地制度的法规很多，它们对土地价格的影响很大。科学合理的土地制度和政策可以激发土地使用者和投资者的兴趣，争先恐后的购买和投资，可以促进土地价格的上涨。

住宅制度　住房制度对房地产价格的影响也很大。国家鼓励住宅开发，实行一定的优惠政策，促进住宅供给方面的积极性，必然使房地产价格下降。

城市和土地利用规划　房地产的价格对城市规划和土地利用的规划极为敏感，反映强烈。规划为商业区的房地产价格会猛涨，大大超过住宅区和工业区。由于城市的发展，郊区的农业用地变为城市建设的一部分，一经政府批准实施，则土地的价格也会猛涨。

税收　土地税、房屋税、增值税等对房地产的供给方和需求方都会产生影响，从而影响房地产的价格。契税在房地产需求方发生作用；增值税在供给方发生作用；土地税、房屋税对供求两方面都发生作用。

（4）国际因素　影响房地产价格的国际因素主要是指国际上的政治、经济、环境状况对房地产价格产生的影响因素。当今国际交往频繁，世界上某些国家或地区的政治、经济发生变化，将会影响有关国家和地区的房地产价格。其主要因素有：

国际经济　国际上几个主要发达国家的经济状况良好，国际房地产的价格也将呈现上升的趋势，否则相反。

军事冲突　在发生战争的国家和地区，因为受到战争的影响或威胁，房地产的价格必然下降。

政治对立　在发生严重的政治对立的国家之间往往实行经济封锁，冻结贷款，严重者影响经济，同时也影响房地产的价格。

4. 其他因素

影响房地产价格的因素除以上几类外，还有一些不太常见的因素，如某些重要人物的健康与生死，有时可能左右时局，从而引起房地产价格的涨落；有时房地产购买者出于自身的急迫需要，使得他只求得到房地产，从而抬高价格；或者当房地产拥有者偶然发生资金调度困难，急需现金周转，因此贱售房地产以应急需，这时房地产的成交价格多低于正常价格。

第二节　房地产估价的必要性

一、房地产估价的作用

房地产的主要活动是经营，而经营离不开市场，市场的核心是价格问题。房地产估价工作是房地产的基础工作，是房地产经营中一项必不可少的环节，它关系到房地产经营中的公平交易，顺利进行成交和收益大小。房地产经营影响一个国家的经济和社会物资文化发展的各个方面。特别是在商品经济高速发展的国家和地区，房地产交易日趋频繁，各国政府对房地产及其经营管理也愈加重视。房地产估价的工作更显得不可缺少，它对社会的良好、稳定经济秩序的建立等都具有重要的意义，其作用主要有：

（一）它是各国政府对房地产管理的必要手段

房地产是各国的一项重要资产，占一国总财富的比重较大，美国的不动产价值约为总财富的 3/4，其中土地约为 1/4，建筑物为 1/4。随着人们对其价值认识的提高，对房地产的管理已从实物数量管理，而发展到实物数量与价值数量的双重管理，不仅要掌握有多少平方米的土地、多少平方米建筑面积的房屋，而且还要评估出房地产的总价值，以及它的增值和贬值情况。如新加坡的所有地段都标有价格，每年八月都要评价和公布一次。

（二）正确估价房地产的价格保证房地产公平交易

房地产是一种商品，在世界上已形成了专业的房地产市场，进行房地产的交易，公平的交易，需要确定合理的价格，使买卖双方都乐于接受，顺利成交，保证房地产市场的兴旺发达。由于房地产的固定性和个别性，使得房地产不存在统一的价格。又由于房地产价格构成和影响因素的复杂性，使得一般的买者和卖者不能轻而易举地确定一个满意的价格。房地产估价机构的估价工作者，凭借他们的专业知识和经验，正确地估价房地的价格，满足房地产交易的需要。

（三）保证房地产投资的合理使用

房地产的经营和开发者最关心的是投资的效益。需要解决的是分析投资的可行性，确定投资方向和数量，制定投资计划，减少投资的盲目性，确保投资效益的了解。加深对房地产的估价工作，可以为解决上述问题提供完满的答案。

（四）为房地产的金融活动提供方便

房地产经营需要很大的投资，其资金的支持者是银行。房地产经营者的集资主要方式是向银行等金融机构借贷资金。贷方为了保证资金的回收，往往要求借方以房地产为抵押担保物。同时，贷款金额一般要低于房地产的抵押值，这个抵押值是银行从抵押贷款角度对房地产的估价值。

（五）为政府合理征收房地产税奠定基础

房地产在一般国家都是很重要的税源。房地产税收种类很多，有房地产税、房产税、地产税等。这些税收都是以房地产价值为基础。为了保证政府税收和纳税人的利益，税收部门要正确、合理地确定被征税的房地产的价格。在房地产的交易中，政府也按房地产的估价数额抽收印花税。

二、房地产估价的社会需要

（一）市场交易的需要

房地产的市场交易包括各类房地产的买卖、拍卖、转让、使用权交换、商品房的开发和销售等。各类交易中，都需要房地产评估，提供一个合理的价格。很多国家都规定在房地产的交易中，应经过有法定的专业机构进行房地产估价，然后买卖双方以此为依据，进行洽谈成交。为房地产商品流通而进行的估价是对房地产估价的最经常、量最大的工作。

（二）资产估价的需要

房地产是商团、公司与企业的重要固定资产。在股份制的经济体制中，对资产的正确估价是保证股东的合法利益的基础，同时也是经营、管理、确定产品价格的基本依据。

（三）财政税收的需要

任何一个公司、企业的所得税、财产转移税、资产盈余税等都与资产的正确估价有关，其中房地产估价占重要的部分。在房地产的占有、使用和交易等活动的有关税收也要以其正确的估价为依据。

（四）金融保险的需要

在当今的商品经济时代，各行各业都在尽可能地利用银行的资金进行正常的业务活动或扩大经营，提高地位和效益。完善的信贷体制是以抵押贷款为基础的，房地产是最有力的抵押凭据，然而其价值的确定需要房地产估价工作。

房屋保险是资产保险的重要项目，房屋投保的基数赔偿标准和保险费数额的计算都是以房地产估价为依据的。

（五）城市建设的需要

在城市扩建，旧区的改造，市政建设的需要，道路的扩宽，商业中心的建设，大型公用建筑的建造，都要动用土地和拆迁房屋，都要进行房地产估价，确定转让和补偿的费用，以保证工作的顺利进行。

（六）民事调解的需要

在人们的生活中，经常发生房地产的遗产继承、转让馈赠、财产分割等民事纠葛，处理不当则容易引起当事人的纠纷，以及法院拍卖抵押房地产和依法没收的房地产等纠纷，都需要为其有关的房地产进行正确的合理的估价。

房地产作为一种具有较大价值的财产和市场流通的商品，其价格的标定在其所涉及的领域都是非常需要，乃至必不可少的。

第二章 海外房地产估价制度

第一节 概 述

房地产估价人员对房地产估价的质量,直接决定房地产业主及有关当事人切身利益,影响房地产的价格水平,甚至影响国家房地产政策。所以从事房地产估价的人员必须具有足够的专业知识、实践经验和职业道德,要经过严格的资格考核和认定。对于专业从事房地产估价的人员及机构,必须建立估价制度,严格管理。

世界许多国家和地区,如日本、韩国、美国、英国、新西兰、德国、新加坡和香港等,都有自己的估价制度和专业估价人员。

房地产估价制度,是指在房地产估价人员与机构从事房地产估价时,为了维护房地产价格的正确合理性及相关者的权益,对房地产的估价条件及行为进行一定的约束,要求估价人员对其估价结果承担责任的一种制度。

一般国家房地产制度中,对房地产估价人员和机构,就房地产的估价条件和行为的约束,通常都包括以下几个方面。

一、从事房地产估价的人员要具有一定的条件

世界上许多国家的房地产估价制度中都明确的规定:房地产估价的从业人员,必须经过严格的考试,或经过指定高等学府的专业学习,并且通过实习或实际工作,具有一定的实践经验,才能有资格成为专业的房地产估价人员。如日本的不动产鉴定士补要经过两次考试,或符合免考条件的才能获得资格,取得不动产鉴定士补资格后,还要接受一年以上的实务补习,才能参加第三次考试。三次考试都合格者具有不动产鉴定士的资格。新西兰的土地估价员分为都市估价师和乡村估价师,这两种估价师都要在指定的学院学习有关专业学科,经考试合格,并且规定新西兰国民至少要在有三年土地专业实务经验,方可有资格注册。英国的估价师资格的取得,根据不同学历和工作经历的人,规定三种渠道,高中毕业的人参加三次考试,获得各大学有关学系的学士学位和年满35岁并从事有关估价专业工作超过15年者,只要参加第三次考试。同时还规定,除了第三种有15年实际工作经验者外,其余两种人都必须在有关机关或公司具有两年以上的估价实务工作锻炼,并提交训练日记,经审查通过,才准许参加估价师专业考试,考试合格者才能取得估价师资格。

二、通过登记注册控制房地产估价师的条件

世界上许多国家从事房地产的估价师,都必须经过严格的考试,并且经过一定时间实务训练,具备了相当的专业知识和实际经验。但是为了保证估价师的条件,还要严格履行登记或注册手续,经审查符合要求,才予以登记或注册,获得从业资格。有的国家还明确规定了不予登记的条件。如韩国的土地评价士制度中规定,土地评价士考试的最终合格者拟取得土地评价士资格许可,须向建设部长官提交土地评价士许可申请书,同时提交居民

登记表摘抄件、身份证明书、经历证明书等。还规定属于下列情况之一者，不能取得土地评价士的资格许可：未成年者；禁治产者；限定治产者或宣布破产尚未恢复产权者；被判处监禁以上刑罚，在其执行终了或确定免予执行后未满两年者；公务员从由于惩戒受到罢免处分时起不到两年者，或者从由于惩戒而受到免职处分时起不到一年者。还规定，建设部长官认为考试合格，符合申请条件者在官报上公告，并在土地评价士许可登记簿上记载有关事项。领到该证者，才成为允许从业的土地评价士。其他一些国家也有类似的登记领取许可证的制度。

三、从事房地产估价机构的条件及登记管理

世界上许多国家都有其专业的从事房地产估价的机构，为了保证房地产估价的质量，对房地产估价的专业机构有明确的条件规定和注册登记管理措施。如日本的《不动产鉴定评价法》中规定，欲经营不动产鉴定业者，应具备的技术条件是：本人具有不动产鉴定士正式登记资格，若本人不是不动产鉴定士者，则必须聘请一人以上的专业不动产鉴定士。不具备不动产鉴定士或不动产鉴定士补资格者，不得从事不动产的鉴定评价工作。欲经营不动产鉴定业者，若在两个以上的都道府县开设事务所，则应向国土厅登记，其余则向事务所驻地的都道府县登记。登记的有效期为三年，期满后要继续营业则需要重新登记。予以登记的不动产鉴定业者，开业时，应向主管机关备案，并将登记簿及各项文件提供公众阅览。未经办理不动产鉴定业者登记的，不得经营不动产鉴定业。同时还规定了不予登记的条件：破产而未复产权者；受禁锢以上处分或违反不动产鉴定评价法规定者；或犯有不动产鉴定评价罪行，而受罚金的处分，在执行终了后未满三年者；受登记消除处分未经过三年者；受到业务停止命令尚未期满者等，只要经营者凡有以上条件之一者，均不予以登记。

对于已经营业的机构严加业务管理，不动产鉴定业者每年于指定时间向国土厅或都道府县提供一年来的事业实绩概要书面报告，不动产鉴定士和不动产鉴定士补变动的书面报告，以及其他有关主管部门规定的书面报告，加强行业管理。其他国家也有类似的规定，德国的《建设法手册》中规定，地产估价及其他估价由独立的专门机构，估价委员会负责实施，在德国的市、县均设有估价委员会，地区设有高级估价委员会，估价委员会设有办公室负责日常组织工作，一般附设在地籍局，负责所管辖地区的估价工作，并明确规定了估价委员会的组成、任务和权限，从而加强对房地产评价机构的管理。

四、制定法规对房地产估价人员及估价机构的行为加以约束

为了对房地产估价人员和估价机构的条件和行为加以约束，除了对房地产估价师和估价机构的营业进行登记外，许多国家和地区都制定了自己的法规。如新西兰制订有政府估价法，土地估价法和估价师法。台湾有地价调查估计规则、土地估价技术规则和土地估价师法等。

五、制订估价人员的职业道德和修养准则，并建立相应的惩罚制度

许多国家为了加强对房地产估价师和机构的约束，认为法律上的规定仅是其履行业务时必须遵守的最低规定。除了法律上的规定外，还应有更高的标准，即职业道德和修养准则，要求估价师要凭良心诚实地进行房地产估价，约束估价师和估价机构，对其估价的结果负责。如韩国法律明文规定土地评价士必须遵守如下职业道德：土地评价士必须诚实地履行其职务，不能进行虚伪或不正当的评价；不得评价自己或亲属所有的土地；禁止把许可证借给别人，不允许开设两个以上的土地评价事务所或同时在两处任职；不可以经营有

关房地产买卖等业务；除了收受规定的报酬之外，不得收受与业务有关的报酬；不能泄露职业上的所知道的他人秘密等规定。同时，还规定在土地评价事务所内有违反关于土地评价士的职业守则规定或在土地评价中有重大过失或其评价的土地价格非常不正当时，建设部长官可取消其事务所的开设注册，或者决定在一年以内的期间停止其业务；土地评价士不诚实地履行其职业道德，进行虚伪和不正当地评价，或把许可证供给他人或者不正当地使用许可证者，建设部长官可以取消其土地评价士的资格许可证。

六、房地产估价应具有独立性，并令其对所估价格负责任

各国的房地产估价制度都努力做到使房地产估价合理，从而维护房地产价格的正常秩序和恰当的水平，均衡相关者的权益。为此采取了组织措施，使参加房地产估价的人员或机构与被估价的房地产的相关者具有独立性。如德国在土地整理中，要对所有的土地进行估价。他们请中立的有经验的行家进行估价，这些行家不是本地居民，不参加土地整理，当地土地整理区的估价委员会的理事会成员虽然应参加估价，但不参加自己的地产和亲属地产的估价。美国也有类似的规定："不管是谁去雇佣资产评估公司，都要为他提供的服务付钱，一旦付钱后，他就对你资产评估的后果负全责。这个评估公司不可能也不应是涉及交易双方所拥有，评估公司是完全独立的。我去雇佣这个公司，就不能同时拥有这个公司，不管是在直接意义上或使用某种诡计来使你间接地拥有这个公司，或是在这个公司中取得利益，这些都是不准许的"还有一项保证房地产估价具有独立性的措施是规定估价服务费不取决于估价房地产的价值，其主要原因是如果房地产估价的服务费按被估价的房地产的价值的某一百分比，则估价师或机构希望把其价格提高；房地产估价师难以说明自己估价是公平的，则往往会产生失去独立性和自己的职业道德，失去自己的正直和诚实。在全世界的范围内，房地产评估行业，从职业性质，职业道德出发，一般采用按工作时间收费的方法，国际资产评估协会，已把这个规定纳入基本准则或规则中。

第二节　各国（地区）房地产估价制度

一、日本的估价制度

（一）概述

日本称房地产为不动产，估价为鉴定评价。日本的不动产鉴定评价即是通常所说的房地产估价。第二次世界大战前，日本的不动产鉴定评价属于银行的业务范围，银行里有人从事不动产鉴定评价的工作，主要作用有：

（1）为社会上私人买卖土地、房地等交易确定价格；

（2）为政府机构征用土地时计算对土地及其上建筑物等补偿费用。

第二次世界大战后，日本经济恢复和发展时期，社会上私有企业的恢复和扩大，个人和私有企业之间的土地和房屋的交易日趋频繁，银行代理不动产鉴定评价，已远远满足不了迅速膨胀的房地产交易市场的需要，不动产鉴定评价业务逐渐从银行业务中脱离出来，各地相继成立不动产鉴定评价协会，不动产研究所等独立机构，专门从事有关不动产的鉴定评价业务。基本作用虽然仍是以上两个方面，但为民间私人企业和个人从事的鉴定评价工作大大增加。

60年代初，由于日本经济的迅速发展，土地价格猛涨，使得住房、公用设施用地困难，农田被毁，土地投机严重。上述问题引起了日本公共用地取得制度调查会的重视，并建议建设大臣建立不动产鉴定评价制度。随之建设省成立了"宅地制度审议会"，紧接着该会向建设大臣提出了"关于建立不动产鉴定评价制度的申请"，日本政府同意了他们的申请。仅用三、四个月的时间，于1963年7月，通过《不动产鉴定评价法》，它标志着不动产鉴定评价制度的诞生。1964年3月，日本又制定了《不动产鉴定评价基准》，它使不动产鉴定评价制度趋于完善。1964年4月该法正式开始实施，发挥其法律作用。日本的不动产鉴定评价制度是在日本政府建设省主管的领导下，按着其颁发的两个法律文件，发挥各级政府有关部门：土地厅、都道府县的行政管理权力和作用，使不动产鉴定评价业务统一化、规范化、标准化和指令化。

日本不动产鉴定评价制度主要内容有两项：

（1）不动产鉴定评价人员的资质及管理；

（2）不动产鉴定评价业的行业管理。

（二）日本的不动产鉴定士

日本从事不动产鉴定评价有资格工作者分为两个层次，其名称分别为不动产鉴定士和不动产鉴定士补。他们是经过日本国家的严格考试和审理，考试及格并具备所要求的条件，才被授予不动产鉴定士或不动产鉴定士补的资格，对外才可用其名称，并且只有获得这种资格的人才能从事有关不动产鉴定评价业务。但是，只具有不动产鉴定士补资格者不得单独从事不动产鉴定评价业务。

1. 不动产鉴定士的考试制度

日本规定，获得不动产鉴定士资格者，需要通过三次国家举行的考试。

考试的举办者为土地鉴定委员会中设置的考试委员会。主持考试的委员人选，考试前由土地鉴定委员会推荐，经国土厅长官任命。

考试科目和免试条件

第一次考试

考试科目：国语、数学、论文。

免试条件：按照规定凡具有下列条件之一者，可以免除第一次考试，而直接参加第二次考试。

（1）大专毕业或具有同等学历者；

（2）旧制高等学校高等科、大学预科或专科学校毕业或修完学分者；

（3）高等考试检定考试、司法官考试第一次考试或公认会计士考试第一次考试及格者；

（4）具备与上列学历的同等学历者。

第二次考试

按照考试程序，凡参加第二次考试者必须是第一次考试及格者或符合免除第一次考试者。

考试科目：民法、与不动产相关的行政法则、经济学、会计学及不动产估价理论。

免试条件：按照规定具有下列条件之一者，可以免除第二次考试的特定科目考试，而只参加其他科目考试。

（1）在大专等学校讲授法律的科目三年以上的教授或副教授，或从事有关法律研究得到博士学位者，可以免考民法。

（2）在大专等学校讲授经济学的科目三年以上的教授或副教授，或从事经济学研究得到经济学博士学位者，可以免考经济学。

（3）在大专等学校讲授商学的科目三年以上的教授或副教授，或从事商学研究得到博士学位者，可以免考会计学。

（4）参加民法、经济学或会计学等所相关的高等考试、司法官考试第二次考试或公认会计士考试第二次考试及格者，其考试及格科目可以免予考试。

经第二次考试合格者，可以获得不动产鉴定士补的资格。

第三次考试

考试科目：不动产评价实务。

按照考试程序，凡参加第三次考试者，必须是通过第二次考试全部合格，获得不动产评价士补的资格，并且进行一年以上的不动产评价实务实践者。

考试时间：以上考试每年由土地鉴定委员会中的考试委员会举行一次。

2. 不动产鉴定士的管理制度

（1）不动产鉴定士的登记制度　按照规定，考试获得不动产鉴定士补和不动产鉴定士资格的人，应向国土厅登记注册，才能取得正式的资格，即可以用其名称和从事不动产鉴定评价业务。

明确规定凡有下列情况之一者，不予登记。

1）未成年者；

2）禁治产人或准禁治产人；

3）破产而未复权者；

4）受禁锢以上的处分在执行终了后未满两年者；

5）公务员受惩戒免职处分，从其处分之日起未经过三年者；

6）受登记消除的处分，自该处分之日起而未经过三年者。

（2）不动产鉴定士的法律责任与惩罚　为了保证不动产鉴定评价工作的质量，不动产鉴定士评价的正确与否，除了与其业务能力密切相关外，不动产鉴定士的工作态度、诚实程度也起重要作用。为此，日本的评介制度中明确规定：

1）应凭良心，诚实地进行不动产鉴定评价，不得有损害不动产鉴定士及不动产鉴定士补信用的行为。无正当理由，不得将业务上的秘密向他人泄露。如违反上述规定，视其程度给以告诫或除名，被除名者不得再担任不动产鉴定评价工作。

2）不动产鉴定士或不动产鉴定士补故意做出不当的不动产鉴定时，国土厅长官可以规定其一年内禁止从事不动产鉴定评价工作，或取消登记。并且规定当有人怀疑不动产鉴定士或不动产鉴定士补的鉴定评价行为不当时，可以依据资料向主管机关要求采取必要措施，主管机关受理后，先听取当事人意见后经判断决定给予恰当处分。

3）在罚则中规定了对不动产鉴定士或不动产鉴定士补的不当行为的各种不同程度拘役和罚款。

（3）不动产鉴定士的职业道德约束　上述的法律规定与惩罚，仅为不动产鉴定士履行业务时必须遵守的最低限度的规定。为了加强对不动产鉴定士和不动产鉴定士补的业务管理，日本还规定了不动产鉴定评价的伦理纲要，对其加强职业道德约束。其主要规定如下：

1）片断的知识与无秩序的经验无助于不动产的鉴定评价，唯有以高度的知识、经验和判断力综合形成有机的统一体，才能进行正确的鉴定评价，所以必须不断学习锻炼，努力求取鉴定评价的进步与改善；

2）应以实践活动加深关系人及社会一般人士对不动产鉴定评价制度的理解与依赖，以资形成不动产的适当价格；

3）进行不动产的鉴定评价时，不论其是否对自己或关系人有无利害关系，均应保持公平妥当的态度。

4）进行不动产的鉴定评价时，应尽职业上的注意；

5）认为有超越自己能力限度的不动产鉴定评价，或有特别利害关系，而有损公正鉴定评价之嫌时，原则上不得受理该不动产的鉴定评价。

（三）日本对不动产鉴定评价业的管理

日本的不动产鉴定评价业是指应他人的要求对不动产进行鉴定评价，并收取报酬的行业。向政府主管机关登记从事不动产鉴定评价的开业人，称为不动产鉴定评价业者。

1. 登记管理制度

日本的《不动产鉴定评价法》中规定，从事不动产鉴定评价的公司行号，通常称为不动产鉴定所，一般人都可以申请开办不动产鉴定所，但是必须向政府主管机关登记。欲经营不动产鉴定业者如在两个以上的都道府县设有鉴定所，则应向国土厅登记，其他则向鉴定所驻地的都道府县登记，登记的有效期为三年，期满后如欲继续营业则需要重新登记。

（1）资格条件

1）本人为不动产鉴定士者；

2）本人不是不动产鉴定士者，必须聘请一名以上的不动产鉴定士为其专业的估价人员。

（2）不予登记的规定

1）破产而未复权者；

2）受禁锢以上的处分或违反不动产鉴定评价法的规定，或犯有关不动产鉴定评价的罪行而受罚金的处分者，在执行终了后未满三年者；

3）受登记消除的处分未经过三年者；

4）受到业务停止的命令尚未满期者；

5）法人之理监事有犯上列情形之一者。

2. 业务管理制度

（1）不动产鉴定业者，每年在一定时间，向国土厅或都道府县提交下列书面报告：

1）记载过去一年来事业实绩概要的书面报告；

2）记载不动产鉴定士及不动产鉴定士补变动的书面报告；

3）其他总理府令所规定的书面报告。

（2）不动产鉴定业者开业时向主管机关备案，登记簿及各项文件应提供公众阅览。

（3）未办理登记者，不得经营不动产鉴定业。

（4）不具有不动产鉴定士或不动产鉴定士补资格者，不得从事不动产鉴定评价工作。

（5）监督与惩罚

不动产鉴定业者如有下列情形，可以受到一年以内停止部分或全部业务，或取消登记的处分。

1）违反不动产鉴定评价法的规定或主管机关的处分命令者；

2）不动产鉴定士或不动产鉴定士补因从事不动产鉴定业者的业务而受处分，但其责任应归之于不动产鉴定业者时；

3）在《不动产鉴定评价法》的罚则中，规定不动产鉴定业者的不当行为的各种不同程度的拘役和罚款。

二、韩国的估价制度

（一）概述

韩国的房地产估价制度分为：土地评价士制度和公认鉴定士制度两种。

土地评价士制度由建设部主管。它建立于1972年，详细内容在《国土利用管理法》、《国土利用管理法施行规则》和《国土利用管理法施行令》等法律文件中，有专门条款阐述。

公认鉴定士制度由财务部主管。它建立于1973年，详细内容在《财产鉴定评价法》、《财产鉴定评价法施行规则》和《财产鉴定评价法施行令》中，有专门条款阐述。

韩国的估价制度统由政府的主管部管理，按法律文件规定执行，使房地产评价业务统一化、规范化、标准化和法令化。

（二）土地评价士制度

1. 土地评价士

韩国的土地评价士主要工作是接受政府的委托，调查、评价基准地价、以及评价公共设施建设拟收买或征用的土地及其他权利。

（1）考试制度　欲成为土地评价士，须在建设部长官施行的土地评价士考试中合格，在此基础上取得其许可，考试制度及其他注意事项由总统令作出规定。

1）申请手续　考试前30天建设部长官在日报上公布考试日期、场所、方法、科目、应试资格及手续等事项。凡符合土地评价士考试应试资格欲参加考试者，须向建设部长官提交建设部令规定的土地评价士考试应试申请书，并附上交纳应试手续费的收据。

2）考试科目

第一次考试科目：民法（限总则）、经济概论、土地公法。

第二次考试科目：关于不动产评价的理论、土地补偿法规、民法（限物权法）。

3）第一次考试免试条件：按建设部令的规定可以免除第一次考试条件是具有下列情况之一者：

①在国土规划、区域规划、城市规划、土地政策、土地利用规划、土地行政及其他建设行政岗位上，从事业务8年以上的公务员。

②从事有关土地征用业务8年以上的公务员。

③从事有关土地法制或土地税制业务8年以上的公务员。

④从事有关土地征收业务8年以上的公务员。

⑤从事有关国土规则、区域规划、城市规划、土地政策、土地利用规划、土地行政及其他建设行政，土地征收，地籍行政、土地及其定着物的取得、管理或处理，以及不动产注册、拍卖或者有关民事诉讼的监察及教育业务8年以上的公务员。

⑥在依据《银行法》及《韩国银行法》等设立的银行从事鉴定评价业务8年以上者。

⑦在韩国鉴定院（包括区大韩金融团、信用调查所）或依据区土地金库法设立的土地金库从事鉴定评价业务8年以上者。

⑧在土地评价士事务所从事土地评价士的土地评价业务的辅助业务8年以上者。

⑨从事有关地籍行政、土地及其定着物的取得、管理或处理业务10年以上的公务员。

⑩从事有关不动产注册、拍卖或者有关民事诉讼业务10年以上的公务员。

⑪在银行、保险会社、证券会社、短期金融会社或证券交易所从事有关不动产取得、管理或处理业务10年以上者。

⑫在资本金额或出资金额100亿元以上的法人体从事有关不动产取得，管理或处理业务10年以上者。

⑬依据《测量法》从事测量的技术员，或者依据《地籍法》从事地籍测量的技术员具有10年以上的经历者。

⑭从事讼师业务10年以上者。

⑮依据有关鉴定评价法律具有公认鉴定士资格者。

⑯在专科大学以上的学校讲授有关土地法律学、经济学、不动产学或有关城市区域规划学达5年以上者。

⑰具有与以上类似经历由建设部长官认定者。

（2）实习制度 韩国规定，取得了资格许可的土地评价士，还需在建设部长官指定的机构经过一年以上的实习，才能开设事务所，从事土地评价士的业务。所以对土地评价士的实习作了规定：

1）欲接受实习的土地评价士须向建设部长官提交实习申请书，并附上建设部长官指定的实习机构之长的同意书。

2）建设部长官接到实习申请后，可参酌实习者拟接受实习的机构、实习者的居住地及其他情况，变更接受实习的机构。在变更后，须分别向该实习机构之长和实习者通报。

3）实习者在实习开始之前，须在建设部长官接受实习的机构进行实习注册。被指定为实习的机构，须对该实习者进行切实的实务指导。

（3）土地评价士资格许可 土地评价士考试的最终合格者拟取得土地评价士资格许可，须向建设部长官提交土地评价士许可申请书，并交纳建设部令的许可手续费，交申请书时须附上下列文件：居民登记表摘抄件，但当本人直接提交时，可由出示的居民登记证代替；身份证明书；免除第一次考试者须交经历证明书；正面照片两张。

不能取得土地评价士资格的规定：

1）未成年者；

2）禁治产者、限定治产者或宣布破产尚未恢复产权者；

3）被判处监禁以上的刑罚，在其执行终了或确定免于执行后未满两年者；

4）公务员从由于惩戒受到罢免处分时起不到两年者，或者由于惩戒而受到免职处分时起不到一年者。

凡属上述情况之一者，不发给土地评价士许可证。

建设部长官审查符合条件的申请者在土地评价士许可簿册上记载有关事项后，将土地评价士许可证交付本人，并在官报上公告获证人名单。

（4）土地评价士的职业守则 韩国的有关法律规定土地评价士必须遵守的职业道德如下：

1）土地评价士必须诚实地履行其职务，不能进行虚伪或不正当的评价。

2）土地评价士不得评价自己或亲属所有土地及被认定为有可能进行不公正评价的土

地。

3）土地评价士不得把许可证借给他人或者不正当地使用许可证。

4）土地评价士不可同时开设两个以上的土地评价士事务所或者同时在两个以上的土地评价士事务所任职。

5）土地评价士不能经营土地、建筑物的买卖业、中介业及其代理业，也不能作为这些营业者的雇佣人。

6）土地评价士除了建设部长官确定的报酬之外，不得以任何名目接受与其业务有关的报酬。

7）土地评价士没有正当的理由，不得泄漏其职业上所知道的他人秘密。

（5）土地评价士资格的取消制度　建设部长官在土地评价士发生违背某些规定时，可取消其资格许可。但是，按程序规定：建设部长官依法欲取消土地评价士资格许可，必须事先征询当事人的意见，对于其无正当理由的申辩，不会改变原决定。取消资格许可的条件，是土地评价士发生下列情况之一：

1）按规定不能取得土地评价士的资格许可者，如未成年者等四种情况；

2）用诈骗及其他不正当手段获得土地评价士的资格许可的事实已经判明者；

对以上两种情况发生者，必须取消其资格。

3）未按规定进行事务所开设注册，擅自从事土地评价士的业务者；

4）接到取消事务所开设注册或停止业务的命令后仍继续从事其业务者；

5）不诚实地履行其职务，进行虚伪或不正当的评价者；

6）把许可证借给他人或不正当地使用许可证者。

（6）土地评价士的其他有关管理规定：

1）土地评价士在进行土地评价业务时，须携带土地评价许可证，当有关人员提出要求时，须出示。

2）土地评价士在其许可证的记载事项发生变更时，段在14日之内将许可证记载事项变更申报书提交建设部长官，取得许可证的修订。如当土地评价士在其许可证遗失或损坏时，可申请补发。

3）土地评价士为了进行法律所规定的业务，必要时可向国家、地方自治团体及其他行政机关之长要求阅览或抄写必要的文件或者要求发给其抄件或复印件。接到要求的机关之长如无正当理由，须较其他事项优先予以协助。

4）土地评价士依据规定调查、评价地价后，须在评价书上标明价格并签名、盖章。

5）建设部长官可对土地评价士发出必要的监督命令，或者指使所属公务员检查业务处理状况或帐簿、文件及其他物件。

6）建设部长官为了掌握土地评价士情况，在必要时可规定一定的期间公告土地评价士许可证接受统检。

2．土地评价事务所

（1）土地评价事务所开设注册制度　按规定，取得资格许可证的土地评价士，需要在建设部长官指定的机构实习一年以上，或者取得资格许可证前曾在建设部长官认定的机构从事一年以上业务者，才可以申请开设土地评价事务所。

韩国的土地评价事务所有两种：

第一种，土地评价事务所。它是由一位有资格许可的土地评价士，为了申请营业，经批准开设的事务所。

第二种，土地评价共同事务所。它是由数位有资格许可的土地评价士，按建设部长官指令，开设的共同事务所。建设部长官为了使土地评价业务公正和保全土地评价士的职位，必要时可指令开设土地评价共同事务所。其开设的基准，按地区分为：

汉城特别市地域：由七人以上的土地评价士组成；

直辖市及道地域：由三人以上的土地评价士组成。

1）土地评价事务所的开设注册　土地评价士凡欲开业时，必须向建设部长官进行事务所开设注册，开设注册者需要办理以下手续：

①开设注册者申请　必须向建设部长官提交开设注册申请书，并附文件：证明保有事务室的文件；申请人的身份证明书。

②建设部长官审批　建设部长官接到申请书后，按规定条件认真审查，批准符合条件的申请。

③注册登记　在批准申请的土地评价士事务所开设的注册簿上记载必要事项。

④颁发开设注册证　建设部长官将土地评价士事务所开设注册证交给申请人。

2）土地评价士共同事务所的开设注册　土地评价共同事务所开设注册需要办理的手续，基本与土地评价事务所开设注册相类似。凡已接到共同事务所的开设命令，拟开设共同事务所者，须向建设部长官报送开设注册申请书，并附上章程，其内容包括下列事项：

①事务所的名称及所在地；

②关于组织及运营事项；

③关于收入及支出事项；

④关于组成人员的加入及退出事项；

⑤关于业务进行中的品位保全及责任事项。

建设部长官接到提出的申请书后，按规定条件认为申请合适时，在土地评价士共同事务所开设注册簿上记载必要的事项后，将土地评价士共同事务所开设注册证交给其代表者。

3）土地评价事务所注册事项的变更　已经进行土地评价士事务所开设注册的土地评价士，当其已注册的事项发生变更时，须自该变更之日起14日内向建设部长官申报。

共同事务所的代表者对下列情况之一的事项，须取得建设部长官的承认：代表者的变更；组成人员的加入；事务所的关闭。

代表者的变更　共同事务所欲申报代表者的变更时，必须向建设部长官提交事务所开设注册事项变更申报书，并附上有关代表者选任的文件和代表者就任承诺书。

共同事务所的关闭　在拟关闭共同事务所时，共同事务所代表者须向建设部长官提交事务所关闭申报书，并附上关闭的理由。

其他事项变更　共同事务所其他在建设部令所规定的轻微事项发生变更时，须自该变更之日起14日内向建设部长官申报。

（2）土地评价业务的管理制度

1）土地评价事务所的名称及其使用　在土地评价事务所的名称中，共同事务所须使用"土地评价士共同事务所"的用语，其他事务所须使用"土地评价士事务所"的用语。在使用名称时，在同一道内，不得使用与已经注册的土地评价事务所同一名称或者类似名称，也不得使用外国语。

土地评价士凡未进行事务所开设注册者，不能使用"土地评价士共同事务所"或者"土地评价士事务所"名称。

2）土地评价事务所开设注册的取消制度　建设部长官可以根据发现开设注册的事务所营业中存在的问题，决定取消其事务所的开设注册，或者决定在一年以内停止业务，应受到惩罚的情况有：

①在土地评价中有重大过失或者其评价的土地价格非常不当时；

②用诈骗及其他不正当手段进行事务所的开设注册时；

③违反事务所名称使用的规定时；

④违反关于土地评价士的职业守则的规定时；

⑤由于与评价业务相关联而被作为刑事案件而起诉时；

⑥其他违反《国土利用管理法》或依据该法发布的命令时。

建设部长官依法欲取消事务所开设注册或者作出停止业务的处分时，须事先征询该土地评价士的意见，但当土地评价士无正当事由拒不接受时，仍执行原处分决定。

（三）公认鉴定士制度

韩国的公认鉴定士制度有三个基本概念：

鉴定评价　它主要判定动产、不动产和其他财产的经济价值，并以货币的形式表示其结果的活动，简称鉴定。

鉴定业　它是指受他人委托，收取一定报酬，以鉴定评价为职业的行业。

鉴定业者　它是指依法注册的公认鉴定士和获得许可的从事鉴定业的法人。

在韩国公认鉴定士的业务范围比土地评价士的业务范围广泛。它除了鉴定评价不动产外，还包括鉴定评价动产。

按照《财产鉴定评价法》和《财产鉴定评价法施行规则》等法律规定，公认鉴定士制度主要包括以下几方面：

1. 公认鉴定士

（1）考试制度　公认鉴定士考试每年举办一次，由财务部长官主管。

1）考试的施行　在财务部设立公认鉴定士考试委员会，考试委员会由委员长一人及各科委员若干人组成。委员长由财务部长官任命次官助理出任，委员由财务长官任命或委托在考试所涉及的领域中富有经验和学识者担任。委员长主管委员会会务，并代表委员会。委员长发生意外时，职务由其指定的委员代理。委员长召集委员会议，为会议之长，会议经有半数以上委员出席，以到会委员过半数赞成而决议，若赞成与反对票数相等时，由委员长裁决。

考试委员会的职能是审议以下事项：

①有关考试资格的事项；

②有关考试方法的事项；

③有关考试出题的事项；

④有关决定考试合格者的事项；

⑤其他财务部长官授予的有关考试的事项。

考试委员会在规定考试日期前30天发出公告，说明本届考试的日期、地点、考试方法、考试科目、参加考试者的资格和申请考试手续等必要规定。

所有参加本届考试人员，按公告事项履行手续和施行考试的有关事项。

2）参加考试资格　按公认鉴定士考试资格的规定，凡有下列情况之一者不得参加考试。

①被判处监禁以上的刑罚，并得不到刑法规定的免刑宣判者；

②被宣判徒刑的缓期执行，且其徒刑期满后未经过三年者；

③被判处监禁以上的刑罚缓期执行，其执行期满后，未经过两年者；

④因受到弹劾或惩戒处分而被罢免公职后未满三年者；

⑤公认鉴定士被财务部长官取消注册后未满三年者；

⑥禁治产者、限定治产者或未成年者；

⑦破产后尚未恢复产权者。

3）考试方法　具备应试资格拟应试者，须向财务部长官提交应试申请书，并交纳手续费。此手续费在未应试的情况下亦不退还。财务部长官接到应试申请书后，在应试接受簿上记载必要事项，发给申请人应试接受证。此接受证再在事先公告的日期换取应试证。

公认鉴定士考试分两次进行。第一次考试为选择型，也可与填空型混用。第二次考试为论文型，也可以同时使用选择型与填空型。

4）考试科目

第一次考试科目：民法（限总则），有关鉴定评价的法令和鉴定评价理论，经济学原理，会计学。

第二次考试科目：民法（限物权），有关不动产的法规，鉴定评价理论，鉴定评价实务。

财务部长官对在考试中作弊或违反考试规定的应试者，可停止其考试或宣布其考试无效。受此处分者，从受处分之日起三年内不得参加公认鉴定士的考试。

5）公认鉴定士第二次考试应试资格　参加公认鉴定士第二次考试，必须为具备下列条件之一者：

①第一次考试合格后并完成两年以上鉴定评价实习者；

②在下列机构中从事五年以上鉴定评价业务者：鉴定会社，金融机构中负责鉴定的部门，公认鉴定士协会，管理或评价国有资产的机构调查注册税、课税标准的机构，指导或监督鉴定业务的机构；

③以公认会计士身份完成两年以上鉴定评价实习者。

（2）实习制度　第一次公认鉴定士考试合格者或公认会计士拟参加鉴定评价实习时，须向财务部长官提交实习申请书。财务部长官接到申请书时，应在实习者名簿中注明。

实习应在鉴定会社、金融机构负责鉴定评价的部门和其他财务部长官指定的机构中进行。财务部长官认为上述被指定为实习的机构不符合实习要求时，可对其取消指定，但取消指定时须迅速通知该机构。

实习者在实习期间应熟悉有关鉴定评价的理论、实践以及其他完成公认鉴定士业务所需的事项。上述实习内容、要领、手续及其他事项由财务部长官决定。

实习机构须于每年四季度最后一天写出报告书，并于次月15日前提交财务部长官，汇报实习的实施情况。财务部长官可就有关实习事宜向实习机构作必要指示。实习机构应发给实习结业者实习证书。

（3）公认鉴定士应具备的条件　具备下列条件之一者，享有公认鉴定士资格：

1）通过公认鉴定士第一次考试，完成两年以上鉴定评价实习后通过第二次考试者。

2）在财务部长官指定的机构中从事五年以上鉴定评价业务后，通过公认鉴定士第二次考试者。

3）公认会计士在财务部长官指定的机构中完成两年以上鉴定评价实习后，通过公认鉴定士第二次考试者。

（4）公认鉴定士的注册制度　公认鉴定士拟从事鉴定业时，须在财务部备置的公认鉴定士注册簿上注册。欲注册者须按财务部规定向财务部长官提交注册申请书。注册申请书中应附有履历表、印鉴证明、身份证和可证明公认鉴定士资格的文件。

当申请注册者具有公认鉴定士资格时，财务部长官则立即在公认鉴定士注册簿上予以注册，并向申请者颁发注册证。其中公认鉴定士注册簿中记载下列事项：

1）公认鉴定士的姓名、出生年月日、籍贯及住所；

2）事务所名称及所在地；

3）其他财务部令规定的事项。

当注册的事项发生变更时，公认鉴定士须按规定向财务部长官提交变更注册申请书。财务部长官接到变更注册申请书后，须立即作变更注册，并将之记载于注册证后，交还本人。

2．公认鉴定士协会

公认鉴定士为提高其素质和业务水平、可设立公认鉴定士协会。拟设立公认鉴定士协会时，应制定协会章程，并得到财务部长官的许可，公认鉴定士协会章程须注明下列各项：名称；本部和支部所在地；有关设立事务局的事项；有关人事任命和职务的事项；有关加入与退出的事项；有关理事会的构成和职务的事项；有关调解会员职务上之纠纷的事项；有关会议的事项；有关会费的事项；有关会计和财产的事项。

欲修订公认鉴定士协会章程时，须经财务部长官的批准。

公认鉴定士协会为法人。公认鉴定士应加入公认鉴定士协会。公认鉴定士协会受财务部长官的监督。

3．公认鉴定业

（1）法人鉴定业者的申报和获准

1）申报　拟从事鉴定业的法人，须得到财务部长官的许可，拟得到许可时，应向财务部长官提交由全体理事签名盖章的许可申请书和下列文件：

章程、成立的目的书、事业计划、注明本店和其他营业所（或分店）的名称和地址的文件、募集组建情况下的股份要约书的程式、发起人的履历表，但当发起人为法人时，则为记载其沿革的文件，最近财产目录和借贷对照表以及其代表者的履历表、拟雇佣公认鉴定士的履历表、印鉴证明和身份证；其他财务部令规定的文件。

2）获准　财务部长官许可法人从事鉴定业时，应审查和确认该法人符合下列条件：

①其资金须在 5 亿元以上，雇佣的公认鉴定士人数在 100 人以上；

②须在其商号中使用"鉴定"字样的用语；

③章程的内容符合法令规定；

④确有能够公正、准确地进行鉴定业务的人员构成和设施。

财务部长官拟许可时，应在营业许可簿中注明，然后交付营业许可证。获得许可的法人应在得到许可证之日起六个月内开始鉴定业。

（2）公认鉴定业的管理制度

1）财务部对鉴定业者的约束　法人鉴定业者欲从事下列行为时须得到财务部长官许可：

①章程的变更。

②本店、分店及其他营业所的开设、迁移或关闭、合并或解散、全部或部分业务的转让或接受转让。

③其他总统令规定的事项。

法人鉴定业者拟变更章程和开设、迁移或关闭本店、分店及其他营业所时，须向财务部长官提交申请书并附下列文件：

①理由说明书；

②有关章程变更的股东总会议事记录；

③当变更资金时，应交注明其方法的文件、最近的各种财务表、变更后的两年内的收支预算书；

④当开设、迁移或关闭营业所时，应交董事会的议事记录。

法人鉴定业者拟合并或解散，以及转让或接受全部或部分业务时，须向财务部长官提交下列文件：

①由全体董事签名盖章的申请书和理由说明书；

②有关合并、解散、转让或接收转让的股东总会议事记录；

③合并后续存的法人的章程；

④财产目录和借贷对照表。

法人鉴定业者拟变更业务种类和业务方法时，也须取得财务部长官的许可。

2）鉴定业者的职业守则

①鉴定业者应诚实、公正地履行其职责。

②鉴定业者在履行其职责时，不得故意隐瞒事实或作出虚伪的鉴定。

③鉴定业者不得从事动产、不动产和其他有关财产的买卖、中介或代理的业务。

④从事或曾经从事过鉴定业者如无正当理由不得泄漏因其职业而得知的秘密。

⑤鉴定业者除财务部长官规定的报酬外，不得以任何名义接受与其业务有关的报酬。

⑥鉴定业者在进行鉴定中，因故意或过失而作出与鉴定当时的市价有显著差距的评价或在鉴定文件中作出虚伪的记载，从而给鉴定委托者或无辜的第三者造成损失时，鉴定业者有赔偿其损失的责任。

3）业务管理及处罚

非鉴定业者在其商号中不得使用表示其为鉴定业者的用语。

鉴定业者接到鉴定委托时，应毫不拖延地进行鉴定，并按财务部令的规定向鉴定委托者交付鉴定书。鉴定书中应注明鉴定业者的商号。并就其鉴定由公认鉴定士签名盖章，以表明其享有鉴定的资格。鉴定业者并应将鉴定书的原本及其附带文本保留10年以上。

鉴定业者为保证规定的损失赔偿责任，应根据财务部令的规定参加保险或采取其他必要措施。

韩国还明确规定了对违反法令者给予处罚，例如，当鉴定会社违反了法令和依据《财产鉴定评价法》发布的财务部长官的命令或从事其他有害公共利益的行为时，财务部长官可令其官员改任或停业六个月以内，或取消其许可。

三、美国的估价制度

美国的评估体制是由联邦政府及其相关机构——全国性的估价协会共同管理的。在美国由这些协会对其会员的评估业务给予指导，并通过影响大学内相关专业的课程设置及授课内容，为从业人员提供在职培训来保证其会员的专业服务水平。有关的政府部门如住房与城市发展部、联邦房屋委员会、退伍军人管理局和联邦住房抵押贷款公司均要求估价师的评估工作遵循这些机构制定的有关标准。

（一）美国估价协会的主要任务

美国的评估行业在过去的十年里，经历了一些重大变化。从1990年开始，通过了注册认可制度并颁布了评估标准，使评估行业朝着一种自我约束，自我规范的行业体系发展。

1991年，美国房地产估价师协会（AIREA，1932年成立）和房地产估价师学会（SREA，1935年成立）合并成立了美国估价协会。估价协会虽是新成立的组织，但它吸收了上述两协会过去60年积累的经验，因而在房地产行业中具有很高的权威性。

估价协会的主要任务是：

（1）向合格的不动产估价人员颁发专业资格称号；

（2）保持高水平的评估服务；

（3）制定和实施一套严格的行业法典，包括职业道德规范和不动产估价的统一标准；

（4）发展和推行高质量的评估教育课程和培训计划；

（5）加强和促进有关的研究工作；

（6）提供有关不动产评估方面的出版物、教材和资料。

现在，估价协会授予的专业资格称号分两类：一是估价协会会员（MAI），另一类是高级住宅估价师（SRA）。估价协会会员是授予那些在商业、工业、住宅及其他类型不动产估价中有经验的估价师和在不动产投资决策中提供咨询服务的估价师；而高级住宅估价师是授予那些在居住用不动产估价中有经验的估价师。前者较后者资深，是美国不动产估价行业中最高的专业资格。

在1991年估价协会成立以前，由美国房地产估价师协会和房地产估价师学会授予的专业资格称号：高级房地产估价师（SREA），高级不动产估价师（SRPA）等仍然有效。

要成为估价协会会员的条件是：

（1）受承认的教育机构颁发的大学学位；

（2）参加估价协会举办的"评估行业从业人员行为准则"、"评估报告写作及评估分析"课程；

（3）通过估价协会的一般产业估价师委员会举办的七门或七门以上的课程考试。这些考试的课程每门40学时，包括：估价原理、基本估价程序、资本化原理和方法、不动产估价实例研究、评估行业从业人员行为准则、评估报告写作及评估分析等；

（4）提交一份估价报告；

（5）在商业、工业、租售、农业和居住用不动产估价方面具有4500h的实践经验。

要成为高级住宅估价师的条件是：

（1）受承认的教育机构颁发的大学学位；

（2）通过估价协会举办的"评估行业从业人员行为准则"课程；

（3）通过了估价协会的住宅估价师委员会举行的三门或三门以上课程的考试；

（4）提交一份住宅估价报告；

（5）在住宅估价方面具有 3000h 的实践经验，相当于 18 个月的工作经验。

估价协会除强调对新进入不动产评估行业人员的素质和水平要求外、它还重视对已从业的有经验的估价师进行继续教育，以便使他们能跟上最新发展。为此，估价协会早在 1980 年就开始推行职业教育和再培训计划，以加强评估行业的竞争力。该计划组织了大量的讲座和研讨会，要求会员在三年中参加 60 学时的该类学术活动。从 1987 年开始，该计划已成为强制性计划。

（二）美国估价行业管理

美国经济 80 年代初期的衰退，不动产信托投资在 70～80 年代大为减少，再加上 80 年代的储蓄贷款危机，所有这些使美国不动产业的处境非常艰难，在美国金融市场上引起了对评估标准的极大关注。近来，美国评估行业重新组织，加强管理，走上了规范化的道路，建立了注册和许可证制度，评估标准委员会还对从事不动产评估的从业人员的最低标准进行了认证。而在 80 年代前，许多专业组织完全没有章程，多数估价师没有经过联邦或州政府的法律认可和承认。通过加强行业管理，确立专业制度，估价工作变得更规范，减小了估价风险，市场信息更加准确，市场运作也更加有效。

针对不动产金融危机，美国的一些主要专业估价组织在 1988 年发起成立了估价基金组织，它下设两个独立的委员会：

（1）评估标准委员会：负责制定可行的评估行业从业准则和评估标准；

（2）评估资格认证委员会：负责制定从业人员的最低教育水准和资格认证的标准。

设立这两个委员会的目的，都是为了建立一个自我约束的体系，并提高全行业的服务水准。

评估标准委员会已颁布"专业评估统一标准"，并已被美国各州认可和执行。其主要内容有：房地产估价、房地产估价报告、估价的复审、不动产咨询、不动产咨询报告、大量估价、私人产业估价、私人产业估价报告、商业估价、商业估价报告等。

评估资格认证委员会也已颁布了估价师注册及资格认证的参考标准，并要求各州根据本州的注册法建立自己的考核程序，但必须经估价基金组织认可，没有建立自己的考核程序的州则要求遵守联邦的标准。目前，州与州之间还没有签订相互承认其注册资格的协议。

（三）估价师分类

1990 年，评估资格认证委员会开始采用三种分类的体系，其中两类是州级认可估价师，分别称为特许住宅房地产估价师和特许一般房地产估价师；另一类是州级执照估价师，称为持牌房地产估价师。

三种分类标准如下：

1. 持牌房地产估价师

（1）受过 75 学时估价专业的课堂教育；

（2）有 2000h 的估价经验（无最低时间限制）；

（3）通过评估资格认证委员会承认的住宅估价师考试；

（4）对 1～4 个单元的住宅房地产的"非复杂性"估价，其产业交易值少于 100 万美元；

对其他类型不动产的"复杂"估价，其产业交易价值少于25万美元；对其他不动产的估价，其交易价值少于25万美元。

2. 特许住宅房地产估价师

（1）受过105学时的估价专业的课堂教育（1994年后将增加为165学时）；

（2）有2000h的估价经验（至少相当于两年的工作实践）；

（3）通过评估资格认证委员会承认的住宅估价师考试；

（4）对1～4个单元的住宅不动产的估价，但对评估的对象的交易价值或评估的复杂程度没有限制；对价值少于25万美元的其他房地产的估价。

3. 特许一般房地产估价师

（1）受过165学时的估价专业课堂教育；

（2）在两年中有2000h的估价经验，其中50%是对非住宅型不动产的估价；

（3）通过评估资格认证委员会承认的一般估价师考试；

（4）能对所有类型的房地产估价。

上述三种分类标准自1992年1月起生效，只有州级认可或州级执照的估价师，才有资格从事与房地产交易有关的估价事务。

四、英国的估价制度

（一）概述

英国测量师学会创会于1868年，1881年维多利亚女王授予该会"皇家特许"状，并于1921年获颁"皇家赞助"荣誉。而皇家特许测量师学会的名称则由1946年起沿用至今。其前有1792年创立的英国测量师会，1834年创立的土地测量师会，1864年创立的测量师协会。

英国皇家特许测量师学会里有土地估价师及动产估价师，另外还有中介及农业师、土地测量师、规划与开发师、预算师等。其中土地估价师有2.3万多人。皇家特许测量师学会所有有关土地专业的师级人员共有5.2万多人，而英国的人口约为5700万，也就是说在土地专业方面约每千人就有一人来服务。

（二）英国的估价师

1. 参加估价师考试的资格

英国土地估价师的建立，是由英国皇家特许测量师学会主持，由该学会举办考试吸收会员。欲成为土地估价师需具备下列条件之一：

（1）取得O水平成绩及有两年以上的估价实务经验，以此资格报考需参加第一次到第三次考试。且通过第一次考试后才可参加第二次考试，通过第二次考试后才可参加第三次考试。

英国的学制是高中毕业后，再读一年，可取得O水平成绩，即可以其成绩申请就读于理工学院，再续读一年则可取得A水平成绩，即可以申请进入大学就读。

（2）取得英国各大学与估价有关的学系的学士学位及有两年以上的估价实务经验，以此资格报考只须参加第三次考试。

英国亚伯汀、剑桥、瑞汀、优斯特四所大学及牛津等14所理工学院的下列学系毕业者有资格参加估价师考试：土地经济系、不动产管理系、城市不动产管理系、环境经济系、土地管理系、估价系、土地行政系、城市土地行政系、土地管理与开发系和城市土地经济系等。

（3）年满35岁及从事有关估价专业工作超过15年者，以此资格只须参加第三次考试。

（4）以上三者，除了具备第三种资格者可直接参加估价师考试外，其他两种资格者都必须在有关机关或公司经过规定专业训练两年以上，并提交训练日记，经审查通过，才准许参加估价师专业考试，取得估价师资格以执业。其规定的专业训练有：

1）土地与建筑物的资本价值及租赁价值的估价，特别是城市土地及建筑物的估价。

2）不动产管理与租赁、地方税、中央税、土地征收的补偿估价、维护与修理估价、土地与建筑物的买卖、出租及承租估价、城乡规划、不动产开发等八项工作中的至少三项工作实际专业训练。

2．估价师考试科目

（1）第一次考试

1）估价Ⅰ　有关投资市场、不动产投资市场的角色，价值观念，影响土地与建筑物供给与需求的因素，估价方法及有关分析，复利理论，偿债基金理论，购买年观念应用于永久或暂时所得，估价表的使用与建立，抵押的计算等。

2）法律Ⅰ　公司改组与合伙，契约的形成，代理及侵权行为的一般原则。

3）土地使用与开发　土地使用开发的目的，人类居住的发展，都市结构与市镇，农村结构及形成，过去100年来土地使用与开发的管制，现代城乡的发展，交通运输发展对居住的影响，人口特性及层次所带来的土地使用问题，规划的角色。

4）经济学Ⅰ　基本的经济问题与解决工具，经济活动的特性，价格的功能与性质，生产理论，影响一般经济活动的因素，英国的一般经济组织。

5）建筑Ⅰ　住宅用建筑方法，采光及舒适标准，排水及废物处理，建筑工程的估价与计算原则。

6）数量方法　统计学、查勘及衡量。

（2）第二次考试

1）估价Ⅱ　市场分析应用于不动产的估价，税对偿债基金理论与购买年的影响，资本成本的观念，有关结合价值的估算，租赁契约的租金，额外费用，延斯或更新等的决定，都市及农村经常交易及租赁不动产的评估。

2）法律Ⅱ　物权与债权，土地登记，地主与佃农的关系，有关商业、住宅及农地的租赁，仲裁制度与法律。

3）城市规划　中央、区域及地方规划机关，规划准则，中心地区的再开发与都市更新，农村地区的开发、更新与维护，土地分类，土地开发的申请，规划过程的公共参与，上述的规划与公听会等证据的收集。

4）经济学Ⅱ　宏观经济方面：一般经济活动的决定，货币理论，利率理论，股票，不动产市场，利率与不动产市场，土地使用与投资理论，通货膨胀及其对不动产持有与买卖的影响。微观经济方面：市地利用——住宅与商业用地的区位理论及本益分析；区域经济——区位理论应用于区域经济，政府的区域政策；市地价值——决定市地价值的因素，地租、竞标地租及经济地租理论；都市结构及都市问题；土地市场的干涉——地税及管制法令；都市公共财政的理论与实务。

5）建筑Ⅱ　建筑Ⅰ的原则与程序应用于住宅与商业建筑物，建筑的监工及报告，建筑契约的程序与估价。

6）税　中央税：税的原则，个人与公司对所得及财产纳税的性质与归宿，土地的资本利得与发展利得的性质。地方税：有关地方税的估价及其税赋的计算。

（3）第三次考试

1）估价Ⅲ　在考虑现有法律的规定下，对估价原则与方法应用于住宅、商业及工业用地与建筑物的买卖权益设定的估价；保险及抵押的估价；特殊不动产的估价，包括加油站、旅馆、大饭店等；估价师在投资决策中的角色；政府政策与财政措施对投资决策的影响。

2）估价Ⅳ　补价与受益问题；土地征用补偿的估价，包括地价、损害、干扰等；计划决策的不利影响的补偿查估，发展价值的评估等。

3）法律Ⅲ　地方政府的组织；有关土地与建筑物的公共卫生及安全的法令；土地使用计划与管制；土地征用的程序；土地法庭的功能；欧洲共同市场的构架，特别是有关土地的部分。

4）市地开发　设计与布置；开发的评估，开发计划的财政分析与可行性决策及估价的剩余法与本益分析；政府政策与活动对投资的影响；投资与出租对开发的影响；长期与短期成本及收益的方法。

5）不动产代理　市场调查：英国不动产市场的特性，市场问题的性质，代理办公室的管理，单一与连锁代理店的管理，市场调查计划，推销决策，市场调查原则应用于住宅、商业、工业及特殊不动产，国外市场调查的技术。管理：管理原则与技术运用于私有与公共部门的不动产，不动产管理的法律、社会、技术及财产因素，所有权与其他不动产权利的特性与选择，不动产的维护、整修、服务、保险、租赁及契约，管理记录与会计。

（三）土地估价师的工作

英国的土地估价师可分为官方土地估价师和民间土地估价师。

1．民间土地估价师

（1）契约估价　主要有：土地买卖、土地出租、土地金融、土地开发等。

（2）法定估价　主要有：土地买卖、土地规划影响的补偿、土地税课征的查估等。

2．官方土地估价师

（1）英格兰及威尔士土地估价室：主任估价师、副主任估价师、助理主任估价师、督察估价师、第一级估价师、资深估价师、高级估价师、估价师、初级估价师、估价助理员、矿务助理员。

（2）区域办公室。

（3）地方区估价师。

（4）土地法庭，主要是用来处理官方征用土地时，官方估价师与土地所有人委托民间估价师估价的结果不同，并且经协商仍有争议时，则上诉到土地法庭。

五、新西兰的估价制度

（一）概述

新西兰的土地估价师分为官方估价师和民间估价师。新西兰于1910年成立第一个估价师团体，即奥克兰不动产估价师协会，当时会员只有15名。1925年改名为奥克兰估价师与仲裁者协会。1923年北岛土地估价师协会于新西兰的帕麦斯顿岛成立。直到1935年官方估价师联合成立新西兰政府估价师协会。

1938年上述三个协会合并成立新西兰估价师协会。为达到提高会员估价工作水平的目的，协会提出一法律案，要求承认估价专业的法定地位。该法案于1948年通过而形成法律，即现在的1948年估价师法。该法将估价师分为都市估价师及乡村估价师。同时该法规定，设立估价师注册制度及估价师注册委员会。该委员会的主要任务是提供土地估价师的各项服务：注册、纪律、上诉、财政支援和其他行政措施。

（二）估价师的注册

1. 新西兰公民注册条件

凡新西兰国民满23岁者，其品德、教育程度符合该委员会的要求，并在申请注册为估价师前10年内至少必须有三年在新西兰的土地专业实务经验，方可注册为估价师。所说的教育程度是指下列院校有关专业的毕业生：

（1）林肯学院的估价与财产管理专业的学士学位获得者；

（2）林肯学院的估价与农产管理专业的学士学位获得者，但其必须修72h的估价实务课程；

（3）梅西大学企业管理系辅修估价的学士学位获得者，但其必须修72h以上的估价实务课程；

（4）梅西大学农业科学学士学位获得者；

（5）奥克兰大学都市估价学士学位获得者；

（6）林肯学院估价与财产管理硕士学位获得者。

事实上，于1977年以前，估价师协会与上述各院校曾设有函授课程，并举行考试，通过考试者亦可注册为估价师。直到1977年的协会年会上，该协会为了提高估价水平，才要求估价师的教育程度必须是取得上述三所大学的相关学系的学士学位以上者。

2. 非新西兰公民注册条件

非新西兰公民，欲成为新西兰的估价师，须在过去10年内至少有三年的估价实务经验，且其中一年须在新西兰执业，在通过估价师资格考试后，可注册为估价师。

任何注册的估价师可自动成为估价师协会的会员。

（三）对估价师的管理

1. 纪律与惩罚

估价师委员会有权对执业不当的估价师进行处罚，罚款可高达新西兰币1000元，停止其职业但时间不得超过12个月，或从注册估价师内予以除名。

2. 上诉与终审

被处分的估价师对于估价委员会的处分可提出异议，而异议的听证则由一名法官及两名估价师共同审理。两名估价师中一名需由受处分的估价师以书面推荐，另一名则由估价师协会任命，此三人的听证决定为终审。

3. 执业管理

通过年执业证进行管理，每一位民间的估价师在执业时必须持有年执业证，否则其执业为犯法的行为。委员会应将当年持有年执业证的估价师名单于每年3月31日公布于协会的刊物上。

六、香港的估价制度

（一）概述

香港估价制度和英国基本相同。现在，香港有英国皇家特许测量师学会香港分会和香港测量师学会。在香港供职、执业的产业测量师大都是这两个学会的会员，其中有些是"英国估价及地产管理学士"。为使估价人员的工作更加规范，更有效率，该两会都定有专业守则和专业著作，在香港房地产业中有一定的威信，其编著的《香港不动产估价指南》在香港社会上很有影响。

香港的估价师除供职于地政署、房屋署、房屋协会、土地审裁处、差饷物业估价署、各地产公司等单位外，有相当大的一部分开设民间的测计师行、测量行向社会服务。

（二）香港的专业测量师

香港专业测量师是指从事建筑、地产及物业发展等工作的专业人士，具体分为土地测量师，工料测量师、产业测量师和建筑测量师。其中，土地测量师测量土地，规划地盘地界；工料测量师从事建筑合约管理及成本控制；产业测量师负责物业估价、买卖、楼宇租售及管理；建筑测量师从事楼宇的建造及保养维修事务。

香港专业测量师的历史起源于英国。早年香港的测量师大部分来自海外，主要是英国。他们都是有资历的特许测量师。现英国皇家特许测量师学会的会员或资深会员在香港分会的会员超过 800 人。1984 年 4 月创建了香港测量师学会，现在会员超过 700 人，包括会员和资深会员两种。近年来，上述两个专业测量师学会都在社会事务上作出了贡献。

1. 土地测量师

土地测量师的工作范围包括地籍测量、工程测量、大地测量、水道测量、摄影测量及地形测量。

（1）地籍测量　主要工作包括：

1）厘定土地新地界；

2）从旧有记录及测量点重新确定地界的范围；

3）地界定线；

4）土地的分割；

5）绘制地籍图以作土地交易及业权登记。

（2）工程测量　主要工作包括：

1）测绘最初土地地形图以作详细设计；

2）建筑工程的放样；

3）土方计算以作付款之用；

4）监测不稳定建筑物、斜坡及地区。

（3）大地测量　主要工作包括：

1）建立平面及高程控制点；

2）确立旧参考点与现今测量控制网的关系；

3）为民航处天文台提供地理资料。

（4）水道测量　主要工作包括：

1）测定水流；

2）测量航道深度及绘制航海图；

3）测绘水中的大石块、沙洲、导航灯及浮标；

4）量度及计算水下土方。

5）提供海上航行所需资料。

（5）摄影测量　主要工作包括：

1）从像片中量度及绘制各种比例的平面图；

2）从空中及地面像片中制成像片镶嵌图；

3）以像片监测各类建筑物的稳定情况；

4）测绘古物作记录及维修之用；

5）提供地形数码资料。

（6）地形测量　主要工作包括：

1）测量及绘制各种比例的测量原图；

2）测量及绘制切面图。

2．工料测量师

工料测量师在建筑成本、材料和设备价格、建筑财务、合同安排及法律等都有专门知识，能对各方面的需要提供完满的服务。其主要服务对象有：政府地政发展部门、保险公司、私人地产发展商、承建商、矿务及石油开发机构等。

工料测量师的主要服务范围包括：

（1）初步成本咨询；

（2）编制成本计划；

（3）招标文件的制定及协商承包价格；

（4）建筑合同的制定和管理；

（5）工程费的概预算及成本控制；

（6）工程策划及管理；

（7）仲裁建筑合同纠纷；

（8）建筑工程保险损失估算。

3．产业测量师

产业测量师都受过很好的专业训练，具有丰富的专业知识和实务经验，对土地的开发和建筑物的使用性能和管理等各方面均有深入地了解。产业测量师的主要工作可分为以下几方面：

（1）物业估价　主要包括：

1）评估各类物业出租、转让及按接等的价值；

2）提供与征地赔偿、租务管制、差饷、厘印税及遗产税等法例有关的物业估价服务；

3）评估某公司的物业价值，作为该公司上市、收购、合并及估量资产负责用；

4）研究各类物业的市场行情及发展可行性；

5）在有关物业价值的纠纷或诉讼中，以独立估价师、仲裁人或专家身份提供专业意见。

（2）物业发展顾问　土地发展是一门复杂的投资，发展高、投资者和财经界人士需要，产业测量师利用其专业知识及经验，为其提供物业发展顾问。其主要工作包括：

1）对各种发展计划的可行性作出分析评估及市场研究；

2）与政府洽商有关修改地契细则、土地收回及重批等事宜；

3）对更改土地用途等问题，向城市设计委员会提出申请及上诉；

4）制定发展及设计大纲；

5）在整个发展过程中，对财政上作出详细估计，并分析资金流动情况，管理工程开支等；

6）监理整个物业工程的进度及建议适当的修改，使之符合市场的需求。

（3）土地及楼宇租售　产业测量师替客户主持拍卖、出售或出租物业，商谈价格，编制招投标文件；为客户提供市场推广策略，对有关物业租售的各种法律文件细则提出建议。

（4）物业管理　产业测量师为各类楼宇的管理，代替客户商谈一切有关续约、转租和租金调整等事宜。

4．建筑测量师

在香港建筑测量师可以受雇于物业管理公司、房地产公司及在香港政府各个部门任职，也可以自行执业。根据其专业知识，一般担任：物业管理、发展顾问、建筑测量顾问、工程策划经理、保养测量师、建筑法执行者和认可人士。其工作范围主要有以下几方面：

（1）测量、检查和记录各种类型的物业状况；

（2）检查建筑物的破损程度，分析破损原因及提出维修建议；

（3）为各类建筑工程制定图则、章程与开支预算、监督建筑工程合同；

（4）建筑法例及物业发展顾问；

（5）策划及监督楼宇维修保养工程；

（6）工程策划管理及物业管理。

（三）香港专业测量师资格

香港专业测量师资格获得者必须是指定大学的专业毕业生，具有一定的实务经验，通过测量师学会举行的考试者，具体规定如下：

1．大学本科毕业生获规定专业学士学位

香港物业估价人员主要出自大学毕业生，靠高等院校培养，香港培养物业估价人员的重要基地是香港理工学院建筑测量系的房地产管理专业和香港大学测量系。在校主修管理学、宏观经济学、估价学、土地使用学、投资与会计、法律、土地经济学、土地开发学、城市规划、施工技术、财务规划及基础课程的学生，取得学士学位后，在本行业工作两年以上取得实际工作经验，获得参加测量师考试的资格。

2．考试合格成为副会员再转为正会员

获得参加英国皇家特许测量师学会举办的测量师考试资格者，经考试成绩合格后成为该学会的副会员，再经过几年的实务工作，就可申请转为正会员。获得正会员资格者，才可向政府申请执照。独立开业。

（四）测量行业的管理

1．注册登记制度

香港政府对测量行这类社会咨询服务机构的审批注册采取了比较严格的措施，测量行的负责人或合伙人必须有英国皇家特许测量师学会或香港分会颁发的特许测量师证书，否则将无法申领营业执照，不能开业经营。

2．公正的服务、实力竞争

测量行这些社会咨询服务机构都以公正、中立的身份从事各种服务工作，并且凭借其实力、专业知识、服务质量在激烈的竞争中争取客户，赢得声誉。

（五）香港物业估价收费标准

香港物业估价收费标准是由英国皇家特许测量师学会香港分会香港测量师学会，共同制定的。这个标准是按物业的价值收取的。如表2-1所示。该表规定的收费额适用于一般估价方案，其他情况按工作繁杂程度，可以酌情增减。

英国皇家特许测量师学会（香港分会）暨香港测量师学会估价收费标准　　表 2-1

估值（港元）	收费（港元）	估值（港元）	收费（港元）
1000000	1000	16000000	10500
2000000	2000	17000000	11000
3000000	3000	18000000	11500
4000000	4000	19000000	12000
5000000	5000	20000000	12500
6000000	5500	25000000	13750
7000000	6000	30000000	15000
8000000	6500	40000000	17500
9000000	7000	50000000	20000
10000000	7500	60000000	22500
11000000	8000	70000000	25000
12000000	8500	80000000	27500
13000000	9000	90000000	30000
14000000	9500	100000000	32500
15000000	10000	150000000	38750
		200000000	45000

七、德国的估价制度

（一）德国的估价委员会

德国的建设法规定，德国的地产估价及其他估价都统归于估价委员会负责实施。该委员会是独立的专门机构。地区设有高级估价委员会，市、镇、县均设有估价委员会，负责所辖地区内的估价工作。各估价委员会都设有办公室，它一般挂靠在同级的地籍局，负责日常组织管理工作。

1. 估价委员会的组成

估价委员会由一名主席和若干名委员组成，主席由地籍局长或城市测量局长等兼任，委员则应是地产估价或其他估价方面的专家，但不应是估价区内地方政府地产管理部门的专职人员。在税收估价中财政部门的一名有经验的官员应作为估价员。

2. 估价委员会的任务

（1）估价委员会为提出申请的部门或个人所涉及的地块和地产权利估价；

一般提出申请的部门有：

1）根据建设法规定，为完成某些估价任务的主管部门；

2）根据其他法律规定，为了确定地产价格、地产补偿金额或地产权利的主管部门；

3）地产主、同等权利人、他项权利人和有资格的遗产继承人；

4）法院和司法机构。

估价委员会对他们申请所涉及的建筑地块、非建筑地块以及地产权利，都可以进行估价。

（2）估价委员会除估定权利丧失的补偿金额外，也估定其他财产继承人应得的补偿金额。

（3）估价委员会应将估价结果的副本交地产主。

（4）确定土地参考价格。

1）在每个行政区内，根据收集的购买价格为不同发展状况的土地，至少是应交纳或免纳土地开发费用的建筑用地，确定一般的价格。在建筑区内土地参考价格可以用价格确定，该价格是假设土地未经建筑的条件下确定的。在没有其他规定的情况下，土地参考价格总是在每年年底确定。对于确定时间不一致的地区，土地参考价格可以根据《建设法手册》的主管实施部门确定。

2）如果某个地区，由于建设计划或其他措施，使土地质量已经发生了变化，在下一次土地参考价格修正时，以改变的质量为基础，可以在地产的税收统一估价的最后一段时间内，确定涉及到地价状况的土地参考价格。如果财政部门对此放弃，则该土地参考价格不变。

3）土地参考价格可以通知主管财政部门和公布。办公室有义务回答每个人询问的土地参考价格。

3. 估价委员会的权限

（1）估价委员会在土地管理中，为了确定现金付款、补偿金额和征用补偿，可以对地产及比较地产作出说明。估价委员会为了收集购买价格和估价所需要的数据，有权要求地产主和他项权利人出示有关文件和资料。在业主同意的情况下，地产主及承担人应允许估价员进入其住宅履行业务。

（2）估价委员会有权进行购买价格和其他估价所需数据的收集工作。登记或公证部门有义务将交易合同的副本送交估价委员会。

（3）所有的法院和各部门应给予估价委员会司法和官方协助与咨询；

（4）如果没有其他规定和协议，估价委员会的估价结果不具有约束性效力。

4. 授权

（1）在联邦议会同意下，通过法令形式授权联邦政府公布关于确定地产价格和收集估价必需数据的规定；

（2）通过法令形式授权洲政府：

1）规定成立估价委员会和《建设法手册》中没涉及的在特殊情况下估价员的合作和其决议；

2）规定主席的任务；

3）规定办公室设置和任务；

4）规定收集购买价格、确定土地参考价格、公布土地参考价格、其他数据和给予用户咨询；

5）规定土地整理部门将有关数据和文件送交估价委员会；

6）规定估价委员会的其他任务；

7）规定估价委员会的补助金。

（二）德国聘请地产估价员的规定

德国对地产估价员采用聘请的制度。为了保证地产估价员的质量，德国对应聘的地产估价员的资格审查是非常严格的。同时，对其资格有明确的规定：

1. 学历规定

毕业于建筑学、建筑工程学、测量学或其他有关专业的人员，并且要求已从事实际工作五年以上。

2. 实际工作规定

没有受过上述专业高等教育者，必须在地产经济领域从事实际工作10年以上。

3. 地产估价员应具有的主要知识结构

（1）经济知识

1）必须掌握地产市场、建筑市场、价格、费用、指标系列、租金和契约方面的知识；

2）必须了解地产市场，建筑市场和资本市场的发展和最新动态，尤其必须了解和能够评价区域地产供求情况及其发展趋势；

3）必须掌握估价中所涉及的价格、费用、租金和契约方面的信息、并能正确地运用于估价中，其中也包括指标系列的正确运用。

（2）估价方法及其应用方面的知识　必须掌握成本估价法、收益还原法和市场比较法的准确知识，并能正确地运用其解决不同类型的地产估价。

（3）技术知识

1）建筑地面状况；

2）一般的建筑结构和建筑方式：石混建筑结构、钢筋混凝土建筑结构、钢架结构、预制构件等方面的知识；

3）建筑设计方案；

4）建筑中有关的防护措施：保温《标准4180》、隔声《标准4102》、防震《标准4149和4150》方面的基础知识；

5）关于建筑材料及其性能和应用方面的知识，了解混凝土的强度等级和水泥的标号；

6）普通建筑静力学；

7）《建筑工程主管包工条例》第三部分；

8）高层建筑费用《标准276》、高层建筑的建筑面积和容积《标准277》；

9）其他有关的标准。

（4）法律知识

1）有关建筑和土地法规：《联邦建筑法》、《城市建筑促进法》、《建筑法手册》、《建筑利用规定》、《估价规程》、《建筑条例》、《土地开发法》、《租地造屋权规定》、《房屋财产法》、以及关于租金的法规法。

2）基础知识。了解《居住法》《土地登记规则》、《建筑工程主管包工条例》第一和第二部分的有关规定。

（5）特殊知识　必须掌握起草估价报告的格式和内容。

（三）德国地产估价收费标准

德国的《建筑师和工程师酬金条例》（《条例》）是德国地产估价收费的依据，其中主要有以下几点：

1. 收费标准基础的确定

根据《条例》第34条第2款的规定，地产估价的收费标准以估价员确定的地产价格为基础。如表2-2所示。

地产价格（马克）	一般估价收费（马克）			特殊估价收费（马克）		
	最　低	平　均	最　高	最　低	平　均	最　高
50000	420	480	540	520	665	810
100000	610	675	740	720	865	1010
200000	1030	1145	1260	1220	1470	1720
300000	1370	1520	1670	1620	1950	2280
500000	1840	2045	2250	2180	2625	3070
1000000	2480	2755	3030	2930	3530	4130
2000000	3340	3720	4100	3960	4770	5580
4000000	4720	5240	5760	5560	6700	7840
5000000	5400	6000	6600	6400	7700	9000
10000000	8200	9100	10000	9700	11700	13700
25000000	15800	17550	19300	18800	22650	26500
50000000	25500	28500	31500	30500	36750	43000

地产价格通常由土地、其上的建筑物和外部设施的价格组成。估价员应调查和估算的那些价格是委托人委托估价的目的所决定的。通常情况下，主要委托的目的是不动产买卖、财产处置和在继承判决时，为计算净益结算等方面的地产价格，确定租地造屋权、居住权、用益权、加高建筑权、管线通行权及其他建筑限制等地产权利价格是较少的。

由多个独立的建筑物、露天设施和地块组成的较大的地产，如较大型工业企业中的厂房、办公设施和交通道路等的估价价格可以分别确定。在这种情况下，地产估价收费额以每个分别估价对象所确定的价格之和为基础。

如果委托人给予单个对象的估价目的不同，则单个估价对象的收费应分别计算，则单个对象所估定的地产价格为其估价收费基础。

2. 一般估价和特殊估价

一般估价主要是为不动产买卖、财产处置和在继承判决时，计算净益结算等确定地产价格。

特殊估价除了包括一般估价的内容外，还包括对地产权利的估价。如租地造屋权、加高建筑权等的估价。

3. 最低收费和最高收费标准的确定

1985 年 6 月 14 日联邦法院规定，收费额不许低于表 2-2 所列的最低收费标准。

按《条例》第 4 条第一款规定，估价员和委托人商定收费额，最低和最高数量不得低于或超过表 2-2 所列最低收费和最高收费标准范围。并且必须将商定的收费额在委托书中注明。

如果估价对象的价格在 5000 万马克以上，收费标准不受《条例》约束，由估价员和委托人商定收费额。

如果估价对象的价格在 5 万马克以下，可根据《条例》第 6 条规定，按耗时收费。或由估价员和委托人商定收费额。

4. 委托收费规定

银行、保险公司和建筑储蓄银行为委托人时，收费标准降低30%，其估价的收费标准，如表2-3所示。

德国适于为银行等估价的收费标准　　　　　　表2-3

地产价格（马克）	一般估价收费（马克）	
	表2-2　最低收费	应　收　费
50000	420	294
100000	610	427
200000	1030	721
300000	1370	959
500000	1840	1288
1000000	2480	1736
2000000	3340	2338
4000000	4720	3304
5000000	5400	3780
10000000	8200	5740
25000000	15800	11060
50000000	25500	17850

5. 杂费

按规定委托人必须支付估价所用的图、文字资料的复制费、胶片、照片费、估价员的车费、邮资和电话费用。

第三节　各国（地区）房地产估价制度分析与比较

世界各国（地区）房地产估价制度基本都包括以下内容：各国（地区）政府部门都设立主管房地产估价的机构或协会，通过不同的培养渠道，严格的考核制度，培养和选拔专业的房地产估价人员，并对其资格的获得实行严格的审查和登记，对其工作态度规定以明确的法律条款和职业道德规范，以及违犯规定的惩罚条例，加强对房地产估价行业和人员的管理。但是，各国（地区）的具体条款和措施不完全相同。从以下几个方面进行分析比较：

一、各国（地区）房地产估价管理机构的设置

各国（地区）房地估价管理机构有以下几种类型：

（一）国家各级政府机构中设立房地产估价主管部门，行使政府权利，管理房地产估价行业及人员

1. 日本

日本政府建设部大臣主管全国的房地产评价工作，国土厅长官、土地鉴定委员会及都道府县负责管理不动产鉴定士和不动产鉴定士补的考试、登记、注册事宜以及不动产鉴定业的资格审查、登记注册和业务管理工作。

2．韩国

韩国的估价制度规定由国家统一制定法令，政府主管部门负责。土地评价士制度由建设部主管；公认鉴定士制度由财务部主管。其他有关评价士的考试、许可证颁发等必要事项按总统令规定，由两部长官亲自审批和处理。

3．德国

德国政府制定了建设法，按照其中的有关规定，房地产估价由估价委员会负责实施，该委员会是独立的专门机构，设有办公室负责日常的组织管理工作，它一般挂靠在各级政府的地籍局。在德国各地区设有高级估价委员会，县、市、镇均设有估价委员会，负责所属地区内的估价工作。各级委员会主席由同级地籍局长或城市测量局长等政府官员兼任，委员则是房地产估价方面的专家。

（二）由国家政府及房地产估价行业组织共同管理房地产评价行业

美国　美国的估价体制是联邦政府及其有关机构——全国性的估价协会共同管理的。在美国这些学会指导其会员的评估业务，为从业人员提供在职培训，提高专业服务水平。政府的有关部门，如住房与城市发展部、联邦房产委员会、退伍军人管理局和联邦住房抵押贷款公司均要求估价师的评估工作遵循这些机构制定的有关标准。

（三）由国家（地区）政府承认的行业协会或学会管理房地产估价行业

1．新西兰

新西兰的主管机构是新西兰估价师协会。该协会是由奥克兰估价师与仲裁者协会、北岛土地估价师协会、新西兰政府估价师协会合并成立起来的。上述三个协会，均是由估价师于不同时间自动成立起来的，进而又合并成新西兰估价师协会。该协会的主要目的是提高会员的水平，通过法律得到政府的承认。该委员会有主席一人，由主任估价师担任，四名已注册的估价师为委员。它的主要任务是为土地估价师提供注册、纪律、上诉、财政支援等服务措施。

2．英国

英国皇家特许测量师学会，是英国维多利亚女王授予"皇家特许"状，并获颁"皇家赞助"荣誉的测量估价行业组织。它分为六个部门，其中土地估价师和动产估价师被称为一般估价师。该协会主持英国的房地产估价师的考试工作，按规定的条件发展会员，取得估价师资格以执业。

3．香港

香港沿用英国的估价师制度，设有英国皇家特许测量师学会香港分会和香港测量师学会。它们举办考试吸收副会员，经几年工作实践后，申请转为正式会员。具有正式会员资格，才可向香港政府申请营业执照，经香港政府有关部门的严格审批，合格者颁发营业执照，才可独立开业经营。

二、各国（地区）房地产估价人员的培养和考核制度

（一）某些国家（地区）对房地产估价人员的考试制度

世界某些国家（地区）的房地产制度中规定了房地产估价人员的考试次数和科目、对实践业务的要求和估价人员的专业名称。现列举几个国家（地区）的有关情况进行比较，如表2-4所示。

国家（地区）	考试次数与科目	参加考试或免试条件	实践要求	估价人员的专业名称
日　本	经过三次考试。第一次考试科目：国语、数学、论文三科。第二次考试科目：民法、行政法规（部分）、经济学、会计学、不动产估价理论共计五科。第三次考试科目：不动产评价实务	第一次免试条件：专科学校毕业或修完学分者，或者参加类似第一次考试及格者。第二次考试参加者的条件：第一次考试及格者或符合免试者。第二次免考条件：大专以上学校讲授有关学科三年以上的教授、副教授或研究本学科获博士学位者免除该科的考试。第三次考试参加者条件：具有不动产鉴定士补资格，并经历一年以上的实务补习	第二次考试合格者，要求接受一年以上的实务补习，才能参加第三次考试	参加第二次考试合格办理登记手续经审查合格者确认为不动产鉴定士补　　参加第二次考试合格者办理登记手续，经审查合格，确认为不动产鉴定士
韩　国	(1) 土地评价士经过两次考试　　第一次考试科目：民法总则、经济概论、土地公法三科。第二次考试科目：不动产评价理论、土地补偿法规、民法三科	第一次考试免试条件：曾经在与评价士工作相关部门工作一定年限者，按建设部令规定可有 17 种情况；第二次考试参加者的条件是第一次考试合格者或免试者	取得了土地评价士资格许可证后，需要在建设部长官指定的机构经过一年以上的实习	土地评价士
	(2) 公认鉴定士经过二次考试　　第一次考试科目：民法总则、鉴定评价理论、经济学原理、会计学。第二次考试科目：民法物权部分、不动产法规、鉴定评价理论、鉴定评价实务	第一次考试参加者的条件，除规定不得应试的 7 种人之外，均可参加；第二次考试参加者的条件：①第一次考试合格者，完成规定实习；②在财务部长官指定的机构中从事一定时间鉴定评价业务者；③以公认会计士身份完成一定时间的鉴定评价实习	(1) 在通过第一次考试后，必须完成两年以上的鉴定评价实习；(2) 具有条件②和③的两种人，分别要五年以上和两年以上的评价实习	公认鉴定士
美　国	(1) 高级住宅估价师考试。由估价协会的住宅估价师委员会举办。三门或三门以上的课程考试	参加高级住宅估价师考试条件：①获得规定的大学学位；②通过估价协会举行的规定的一门课程	在住宅估价方面具有 3000h 的实践经验，相当于 18 个月的工作经验，提交一份住宅估价报告	高级住宅估价师
	(2) 估价协会会员考试。由估价师协会的一般产业估价师委员会举办。共计七门或七门以上的课程考试。主要有：估价原理、基本估价程序、资本化原理和方法、不动产估价实例研究、评估行业从业人员行为准则、评估报告写作及评估分析等	参加估价协会会员考试条件：①获得规定的大学学位；②通过估价协会举行的规定的两门课程	在商业、工业、租售、农业和居住用不动产估价方面具有 4500h 的实践经验并提交一份估价报告	估价协会会员。他比前者资深，是美国不动产估价行业中最高的专业资格
英　国	第一次考试科目：估价 I、法律 I、土地使用与开发、经济学 I、建筑 I、数量方法，共计五科。第二次考试科目：估价 II、法律 II、城市规划、经济学 II、建筑 II、税，计六科。第三次考试科目：估价 III、估价 IV、法律 III、市地开发、不动产代理，共计五科	(1) 取得 O 水平成绩者参加三次考试；(2) 取得各大学有关学系的学位，只参加第三次考试；(3) 一定年龄从事估价工作超过规定年限者，只参加第三次考试	(1) 取得 O 水平成绩，有两年以上的估价实务经验；(2) 取得大学有关系学位的要有两年以上的估价实务经验；(3) 年满 35 岁要 15 年以上从事估价专业工作	土地估价师、动产估价师、规划与开发师、预算师等

40

国家 (地区)	考试次数与科目	参加考试或免试条件	实 践 要 求	估价人员的 专业名称
香 港	参加英国皇家特许测量师学会举行的第三次考试，考试科目同上	香港大学有关学系和专业的取得学士学位后，从业于本行业工作一定年限者	从业于本行工作两年以上，取得有关的工作经验，考试通过成为副会员，再经过几年工作实践后转为正式会员	英国皇家特许估价师学会副会员，经过几年工作，转为正式会员

（二）国家采用聘用制，选具有一定条件者为房地产估价员

例如，德国的房地产估价员是采用聘用制，要求具有一定的学历、知识结构和实际工作经验，具体条件如图 2-1 所示。

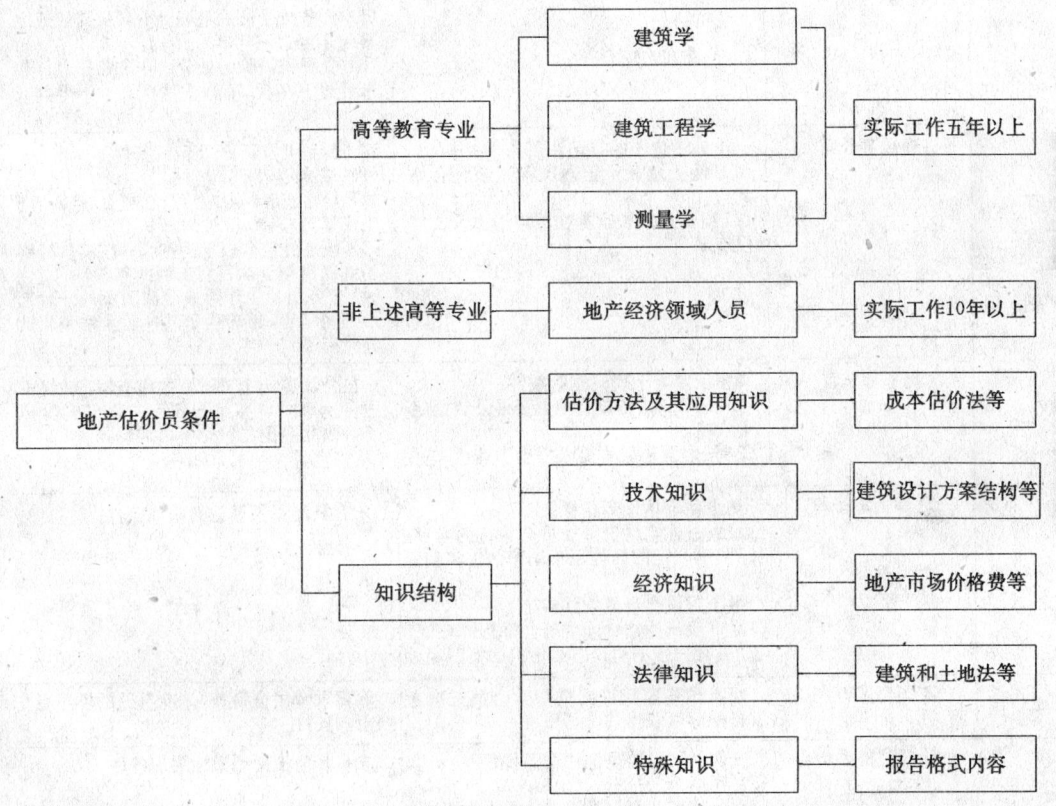

图 2-1 德国房地产估价员的条件和知识结构图

政府有关部门对房地产估价员的资格进行严格审查，合格者被聘为房地产估价员。

（三）指定大学的学科的学士学位获得者，经估价协会注册，成为估价师

例如，新西兰的土地估价师是由指定的林肯大学、梅西大学、奥克兰大学的相关学科的学士学位以上获得者。按新西兰估价师协会的估价师注册委员会的要求申请注册，符合所有规定条件者，即可成为估价师；而对于非新西兰国民，则要通过估价师资格考试，并满足其他要求者，方可注册为估价师。

实践要求，新西兰籍国民，10 年内至少在新西兰有三年的土地专业实务经验，非新西

兰国民，10年内至少有三年的估价实务经验，且其中一年须在新西兰执业。

三、各国（地区）对房地产估价师的登记注册制度

世界的一些国家（地区）的估价制度规定，经房地产估价师考试的最终合格者，只能获得估价师的资格，要成为开业者必须向主管部门办理登记注册手续。其具体规定和方法，见表2-5。

几个主要国家（地区）对房地产估价员开业登记注册规定比较表　　　　表2-5

国家（地区）	主管机构	登记注册条件	不予登记条件
日本	国土厅	（1）不动产鉴定士补的登记注册条件：经第一、二次考试合格者。 （2）不动产鉴定士的登记注册条件：经过第三次考试合格者	（1）未成年者； （2）禁治产人或准禁治产人； （3）破产而未复权者； （4）受禁锢以上的处分在执行终了后未满两年者； （5）公务员受惩戒免职处分，从其处分之日起未经过三年者。 （6）受登记消除的处分，自该处分之日起未经过三年者。有以上情况之一不得登记
韩国	建设部长官	土地评价士的登记注册条件： （1）经土地评价士两次考试最终合格者； （2）向建设部长官提交的申请书及文件没有缺欠	土地评价士不予登记的条件 （1）未成年者； （2）禁治产者、限定治产者或宣布破产尚未恢复产权者； （3）被判处监禁以上的刑罚，在其执行终了或确定免予执行后未满两年者； （4）公务员从由于惩戒受到罢免处分时起不到两年者，或者由于惩戒而受到免职处分时起不到一年者
韩国	财务部长官	公认鉴定士登记注册条件： （1）经第二次考试合格，获得公认鉴定士资格； （2）按财国部长官要求提出申请及文件	在公认鉴定士考试资格审查时，就将不适合从事公认鉴定士的有关人员剔除掉了，因此登记注册时不再加以限制
美国	美国估价学会	高级住宅估价师条件： （1）通过住宅估价委员会举行的考试； （2）具有一定的居住用不动产估价实践经验。 估价师协会会员条件： （1）一般产业估价师委员会举行的考试； （2）具有一般不动产方面估价的实践经验	未有其他不预登记的附加条件
英国	英国皇家特许测量师学会	经英国皇家特许测量师学会第三次考试合格即可取得估价师资格	除要求考试合格外，未有其他的不予登记的附加条件
新西兰	估价师注册委员会	新西兰国民的登记注册条件： （1）年满23岁； （2）品德和教育程度符合该委员会要求； （3）满足土地专业实务经验要求规定。 非新西兰国民的登记注册条件： （1）通过估价师资格考试； （2）满足土地专业实务经验要求和在新西兰一年执业的要求	未有其他不预登记的附加条件
德国	估价委员会	聘请条件： （1）毕业于指定专业的大学生，并已从事实际工作五年以上者； （2）没受过指定专业高等教育，但在地产经济领域从事工作10年以上的人员	德国房地产制度规定，对符合条件人员实行审查聘请的制度没有其他附加条件
香港	香港政府	具有英国皇家特许测量师学会或香港分会正式会员资格，便可向政府申请执照独立开业	没有其他附加条件

四、对房地产估价人员和专业机构的管理制度

各国的房地产估价制度中，对房地产估价人员和估价专业机构都有具体的管理方法和措施。

（一）日本对房地产估价人员和专业机构的管理

日本按《不动产鉴定评价法》对不动产鉴定人员和不动产鉴定机构的管理制度分为三个层次：

（1）通过对不动产鉴定士补和不动产鉴定士的三次考试和登记注册条件规定，保证房地产鉴定工作人员的业务水平。

（2）通过制定不动产鉴定士的法律责任和职业道德标准及惩罚条例，保证不动产鉴定士补和不动产鉴定士的不动产估价工作质量。如图 2-2 所示。

（3）通过对不动产鉴定业机构的开业登记注册措施、营业管理规定和惩罚条例达到对整个不动产估价行业的管理，其管理措施和系统如图 2-3 所示。

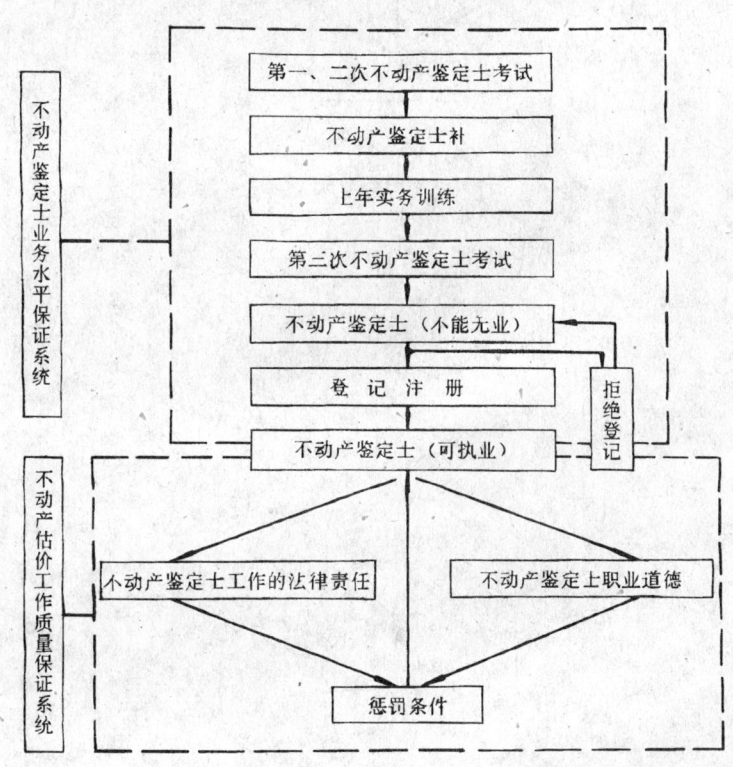

图 2-2　对不动产鉴定士及其工作管理系统

（二）韩国对土地鉴定人员和专业机构的管理

韩国的不动产估价制度包括"土地评价士"制度和"公认鉴定士"制度两种，两种制度是各自独立的，其中每一种制度都构成一个完整的管理系统。从整体管理层次和每个层次采取的措施上看与日本的不动产评价士制度基本相似，虽有些具体规定不完全一样，已在上述几个方面的分析对比中详细的进行了比较，就管理制度层次而言，并不产生影响，此处不再赘述。

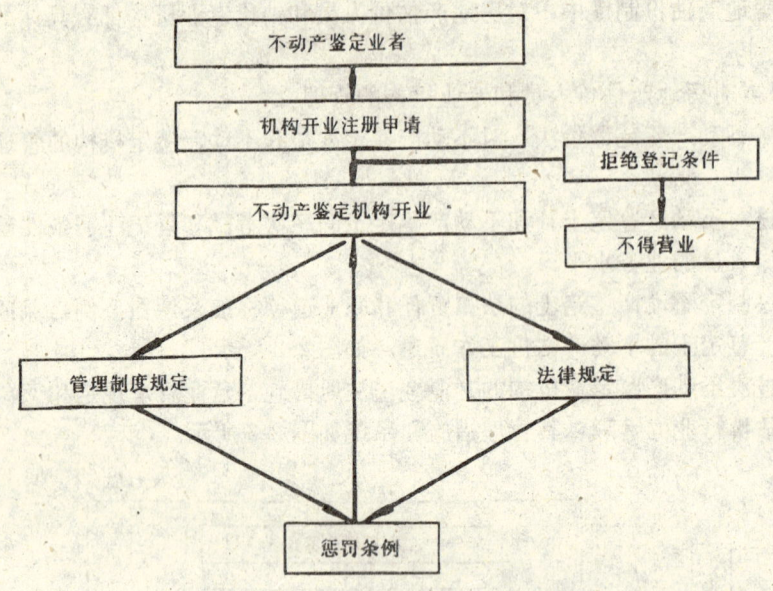

图 2-3　对不动产鉴定机构及其营业管理系统

第三章 海外房地产估价程序

各国不动产估价的主要程序是基本相同的。中外有关论著在阐述不动产估价程序上所存在的差异，主要是因针对的范围或着眼的角度不同所致。掌握这一点，是分析比较各国估价程序的关键。基于这一状况，本章首先介绍各国房地产评估的基本程序，在此基础上再具体分析各国房地产评估程序及作业步骤的主要差别。

第一节 各国（地区）房地产估价的基本程序

各国房地产评估的基本程序是相同的，可分为六个主要步骤：明确估价的基本事项；拟定估价作业计划；实地勘察；资料的搜集与分析；选择估价方法计算及决定估价额；撰写估价报告书。现分述如下：

一、明确估价的基本事项

在实际进行房地产价格评估的过程中，将会涉及到诸多方面的问题，需要处理的事项也较多。其中有些事项直接关系到估价工作的全过程，并且对估价额也有较大的直接影响，这些事项被称为估价的基本事项，必须明确地确定下来。从各个国家或地区的估价报告文本来看，所认定的基本事项是比较一致的，主要包括以下四个方面：

（一）明确估价对象

房地产所具有的独特的自然属性和经济属性决定了它不仅仅是指土地、土地上的永久性建筑物，而且它还包括由土地和建筑物所衍生的各种物权。因此，实体房地产及其各种物权都会形成相应的价格，在各个国家和地区都成为估价对象。另外，在许多房地产经济发达的国家和地区，价格评估活动还经常涉及到待估，房地产与他物之间的关系，这种关系成为评估的主要条件，对估价额产生直接的影响。因此，明确估价对象具体包括三个方面，即估价对象的实体状况、权利状态和估价条件。

1. 评估对象实体的确定

具体包括是土地、还是建筑物，或是土地与建筑物合一，或是其中的某一部分。对于土地要清楚其位置、地形、面积、分区使用规定以及公法与私法上的限制等；对于建筑物要清楚坐落土地地号、门牌、面积、建筑结构、目前使用情况以及公法与私法上的限制等。

2. 评估对象物权的确定

房地产经济越发达，房地产的权利状态就越复杂，物权交易与物权纠纷也就越多。综合各国的情况来看，房地产的权利，除所有权外，还有限制所有权的物权，它可分为用益物权与担保物权两种。所谓房地产的用益物权，包括地上权、地役权、典权等。所谓担保物权，包括优先取得权、抵押权等，另外还有限制所有权的债权，如租赁权等。上述这些物权，在房地产交易活跃的国度里，更是经常成为评估对象。因此，在评估时不仅要明确估价对象的实体是什么，还要明确所要评估的是该实体的何种物权，以及这种物权是否受到公法与私法的限制，是否完整，是否能发挥其应有效用等。此外，还应当特别留意所有权的形态是共有还是区分所有等。对于发达国家，高层建筑的基地产权问题更为复杂，在法律规定上差异也较大，对此更受重视。

对于土地以公有（或国有）为主的国家来说，尤其要明确是所有权还是使用权。若是使用权，则还要明确使用权年限，已使用了多少年，还余下多少年等。

3. 明确估价条件

房地产的实体状况及权利状态的确定，在各国或地区都是从事房地产估价的必备基本条件。但是，在日本等许多国度里还特别强调明确评估对象与他物之间所存在的关系。这种关系被称为评估条件，主要包括如下三种情况：

独立估价。这种情况发生在估价对象为土地与建筑物合一的"房地产"上。根据特定需要或某种条件，有时需要单独就该房地产的土地部分进行评估，并且还不考虑其上所附有的建筑物的存在，这种情形，称为独立估价。即将土地当成空地，视为无建筑物存在的情形下进行价格评估。在地上建筑物预定拆迁的情形下，往往进行独立估价。另外，采用路线价估价法评估宗地价格时，也相当于独立估价。

部分估价。指估价对象房地产是由土地及建筑物构成，在该土地与建筑物成为一体的既定条件下，而仅就其中的土地或建筑物进行价格评估。这种情形，与上述独立估价不同，独立估价是完全忽视建筑物的存在，而部分估价是在土地与建筑物构成一体并发挥其效用的前提下，即在考虑相互影响的前提下，分别把握土地或建筑物的经济价值。即前者仅以土地为估价对象，并且不考虑土地上的建筑物对土地价值的影响；后者是以土地或建筑物为估价对象，并且是在考虑该土地已附有该建筑物，或该建筑物是在既定土地上的建筑物这一条件下分别进行价格评估的。由房地产价格的最有效使用原则等可以判定，土地或建筑物的部分估价额将受到既定状态的影响。

合并估价或分割估价。以房地产的合并或分割为前提，就合并后或分割后的房地产作为独立的估价对象，这种条件下的评估称为合并估价或分割估价。随着各国房地产经济的发展，土地的合并或分割利用越来越多，将合并后或分割后的土地作为独立的估价对象也越来越多。例如，购买邻地使其与自有土地合为一体，这种估价即为合并估价。又如，将土地的一部分分割出售后，评估残余土地的价格，这种情形即为分割估价。因此，合并估价或分割估价是与利用状态的调整相关的，既应考虑现实的利用状态，又应面对所要发生的种种估价条件进行相应的价格评估。以上所列举的合并估价或分割估价是仅就土地在实体上的分割或合并，从各国或地区来看，还普遍存在房地产在权利状态上的分割或合并，其评估也属于分割估价或合并估价的范畴。

（二）明确估价目的

对房地产进行价格评估的目的是多种多样的，各个国家及地区较常见的估价目的有买卖、交换、招标、拍卖、清产核资、诉讼、租赁、征税、征用补偿、区域规划、城市再开发以及继承和证券化等。根据不同的评估目的，不仅估价额有所差异，在估价方法的运用上也有所区别，在评估过程中搜集资料的范围和重点也不尽相同。如日本在《房地产鉴定评价基准》里明确规定，征收土地税应以路线价估价法评估为准；对于征用补偿应主要搜集该房地产以往的使用和收益情况资料，并以此为主要依据确定估价额。另外，根据不同的评估目的，有时还存在一些各自不同的特别注意事项，对此，必须给予相应的重视。

明确了评估目的，同时也就相应地明确了评估的价格种类，如是买卖价格，还是征用价格等。

（三）明确价格时点

价格时点在各个国家或地区里的名称是不统一的。有的称之为估价时日（台湾较多见）、有的称之为价格时点（日本），在我国较普遍地称之为估价时点，但也有称之为估价日期的。但从其含义来看，是完全一致的，都是指所要评估的房地产价格是在什么时点上所形成的。

从各国评估实例来看，价格时点分为以下几种类型：

（1）委托估价的当日；

（2）现场勘察日期；

（3）鉴订估价合同时间；

（4）以前的某个时间；

（5）将来的某个时间（不能太久远）。

各个国家对于价格时点的要求因具体情况而异。一般来说，当房地产市道比较平稳时，对时点限制略宽松一些，指明年、月即可；当房地产市场起伏不定时，对时点限制较严格，要具体指明年、月、日。

（四）明确价格类型

与估价对象的复杂情况以及估价目的不同相对应，房地产的价格也表现为不同的类型。一般可大致分为正常价格、限定价格和特定价格三种情况。

1. 正常价格

正常价格就是自由市场上的合理价格，其形成应具备如下三个条件：

首先，房地产要有市场性，无市场性的房地产不能形成正常价格；

其次，正常价格应为合理自由市场上所形成的价格；

再次，正常价格必须反映房地产的市场价值。

根据以上三个条件，对房地产的正常价格应进一步理解为：是房地产在自由公开市场上存在相当长的时间后，买方与卖方都十分了解市场情况，并且在无特别动机下所形成的市场价格。因此，它是谁也不会有损失或占便宜的价格，是对任何人都公平、任何人都可接受的价格。进一步来说是被社会所普遍承认的客观价格。房地产估价一般来说应该求取正常价格。

2. 限定价格

限定价格与正常价格一样，是有市场性的房地产的价格，即也是以市场为前提的价格。两者之间的区别在于，正常价格是在合理的自由市场上形成的，而限定价格是在市场受到一定限制的情况下形成的。因此，它与正常价格不同，是偏离市场价值的价格，仅对特定的交易当事人具有经济合理性，仅对他们才算是公平的价格。在许多国家里，一般在以下三种情形下要求评估限定价格：

（1）土地租赁权与租赁地合并为目的的买卖；

（2）与邻接房地产合并为目的的买卖；

（3）违反经济合理性的房地产分割。

3. 特定价格

正常价格和限定价格都是以市场的存在为前提所形成的房地产价格，而特定价格则是因某种要求不以市场为前提，或没有市场性的房地产在特定条件下被承认的价格。例如，在有些国家里当企业合并时对其资产进行重估，这时一般都是求取被认为在客观上符合某种特定条件的合理价格，即特定价格；又如日本的再生公司，根据公司法的规定，在重组时对原有不动产的评估也要求取特定价格；再如学校和公园等供公共或公益使用的房地产，对其进行价格评估时，也应属于特定价格。

对于上述这四个方面的估价基本事项，一般来说主要是依据委托人提供的资料来确定的。明确了这些基本事项之后，应当与委托人签订估价合同，以明确双方的责任和义务。关于估价合同的格式与内容，可参考下面的合同文本：

不动产鉴定契约书

立契约书人：中华宝士汽车股份有限公司（以下简称甲方）
　　　　　　大华不动产鉴定股份有限公司（以下简称乙方）

兹就不动产现值鉴定事宜订立本契约，内容如下：

一、乙方应就甲方所提供之不动产予以鉴定估价。

二、估价鉴定之收费办法如下：

1. 估价之总金额在新台币 100 亿元以内，按乙方鉴定服务收费明细表之八折收费。

2. 估价之总金额在新台币 100 亿元以上至 150 亿元间部分，按乙方鉴定服务收费明细表之七折收费。

3. 估价之总金额在新台币 150 亿元以上部分，按乙方鉴定服务收费明细表之六折收费（详附乙方之收费明细表）。

4. 乙方同意负担加值之营业税、各项规定费及差旅费。

三、乙方得因乙方业务之需要另以甲方所立之不动产鉴定委托书向有关机关抄录或阅览土地、税务、户籍、地政等一切必要资料。

四、乙方就甲方所提供之任何不动产标示等资料应尽善良管理人及负保密之责，非经甲方同意不得擅自公开或泄漏他人。

五、本委任契约书期限自 1990 年 6 月 21 日起至同年 7 月 31 日止，乙方每逾期一日未交付鉴定报告书应赔偿甲方鉴定服务费 1‰。

六、甲方应于乙方鉴定报告书送达后依甲方公司付款日（每月 7 日、27 日）一次付清所有款项。

七、乙方同意如甲方不动产于本鉴定报告书送交甲方之日后一年之内因价格波动，应另以补充报告补充之，乙方得酌收车马费。但除价格外甲方如需副本时，乙方得按收费标准 10% 酌收车马费。

八、甲乙双方因本契约书有所争执时，同意以台湾台北地方法院为第一审管辖法院。

立契约书人：甲方：中华宝士汽车股份有限公司（盖章）
　　　　　　　　地址：（略）
　　　　　　　　电话：（略）
　　　　　　　乙方：大华不动产鉴定股份有限公司（盖章）
　　　　　　　　法定代表人：（鉴字、盖章）
　　　　　　　　董事长：（签字、盖章）
　　　　　　　　统一编号：

1990 年 6 月 20 日

二、拟定估价作业计划

明确了估价的基本事项之后，在总体上就可基本把握住整个估价任务。为了保证估价作业无疏漏、有秩序、高效率地实施，应预先拟定出估价作业计划。其内容含工作安排、人员调配、估价日期及时间进度等，最好应预算出估价作业所需经费。对于估价作业计划通常制成流程图。

目前，在许多国家已采用网络计划技术来制定估价作业计划。其步骤为：首先应用网络形式表示出估价作业中各项工作的先后顺序和相互关系；其次是通过计算找出估价作业的关键工作和关键路线；接着通过不断改进网络计划选择最优方案，并付诸实施。然后在实施过程中进行有效的控制与监督。

三、实地勘察

由于房地产在实体上具有不可移动性和个别性等特点，在物权及运用上又存在多种形式的特征，仅仅根据委托人或有关当事人提供的情况还做不到具体、准确地把握估价对象及其所属区域的状况。因此，各个国家的估价作业都离不开实地勘察。实地勘察的主要内容有：查明估价对象的准确位置，建筑物内部装潢及其使用情况，核实估价对象的权利状态，了解地方市场，勘查环境景观并摄影等。

（一）待估房地产的位置及其周围环境

对此除要记载地号或门牌外，还应对照地籍图判明待估房地产的边界及其与邻地和道路的关系。这样才能非常准确地把握估价对象的集团、地形和土地面积等等。同时还要观察一下附近的建筑布局、绿化、卫生状况、地势高低采光通风等环境景观并拍照。

在估价实务上委托者应负领勘之责，但领勘人是否尽责？因此估价师必须校核委托者领勘位置的正确性，以避免故意领勘错误而造成误勘事情发生。

（二）待估房地产的使用情况及现状等

首先要核实待估房地产的用途，是自用还是出租；是属于住宅、商业、工业、还是属于公共设施、交通用地等。如果属于有收益的房地产，还要查明其出租或用于营业上的收益等。在此不要忽视实际用途与法规所规定的用途是否一致。

其次要勘察建筑物的外墙、高度、天花、地板、隔间、门窗、结构以及完损程度、新旧程度和内部装修等。并了解建筑物的面积以及使用面积或可供出租和营业用的面积等。另外，在各层独立产权或各层分割数户时，还要勘察全栋楼房使用情况，并校核与基地分区使用种类是否相同。因为建筑物内部使用不协调可能降低价值，建筑物协调的使用使其价值确定。如商场各单位均能协调经营，造成商业风貌，则商业价值才能确定，房地产亦会形成附加价值。

（三）了解地方市场

不动产估价应遵循地方市场上的交易行为所反应的轨迹。因此，估价师对评估对象所处的地方市场的了解程度直接影响评估结果的可靠性。对于一个合格的估价师来说，应具备洞悉地方市场、对交易行为观察入微的敏锐观察力，否则评估结果将会带有武断、臆测的成分。了解地方市场应掌握交易资料，并观察其特性。

1. 掌握地方市场的交易资料

地方市场的交易资料是最直接、最有效的评估依据。访问地方市场上曾经发生过交易行为的买方或卖方，调查其为何愿意以此价位成交，可以较全面地、更真实地掌握该地方市场的交易情况；地方不动产市场的经纪人，以促进交易行为的功能活跃在地方市场上，一般而言他们对地方市场具有相当透彻的了解。估价师利用其提供的资料，不仅可以加强市场交易资料的收集量，而且可使估价立场更为实际和客观；不动产公司在地方市场上公开推出的销售案例，一般来说预先都做好了充分的市场调查工作，其产品公开推出的销售价格具有较高的参考价值。一个成功的销售案例更能代表市场的接受力，其参考价值更会被社会广泛肯定，具有很强的说服力。另外，咨询熟悉地方不动产市场的人士，收集准交易资料等也可帮助估价师更客观地了解地方市场。

2. 观察地方市场特征

地方市场的习惯性交易行为、空房率高低、及公共设施的开发利用状况代表了该地方市场的主要特征，也在一定程度上影响着或反映出该区域不动产的价格及其走势。习惯性交易行为以其特殊方式在一定侧面上反映出地方市场的不动产价格。如在台湾对四楼的厌恶习惯反应出了最低价格水准；不动产所有者较普遍地愿意出租其不动产则反映着该区域不动产市道看好、升值兴旺；在高空房率地段，必然导致地方市场不动产价格不振，相反在一个空房率极低的市场里，不动产出售接受力强，亦能以较高价格出售。因此，估价师在实地勘察时应了解地方市场的空房率；各项公共设施的完备程度是环境水准的表征，一个完善的公共设施开发区，是达成较高的不动产价格的基本因素。政府从事公共设施开发建设，居民的维护、保养是否能相辅相成，代表了这个区域的居民水准，而居民水准则对房地产价格有相当的影响。

3. 权利状态的核实

核实与待估房地产有关的各项权利时，应先阅览登记簿。但必须注意，有的虽然设定了某项权利，却未办理登记，在这种情况下，仅阅览登记簿是无法判明权利的存在的。因此，除阅览登记簿外，更应以权利人双方签订的契约书确认。如果没有登记簿或契约书时，应通过权利人双方的说明加以确认。

核实待估房地产的权利状态，不仅要查明各项权利的存在及内容，还要查明其存在的条件及其发生与存续的时间等。

四、相关资料的搜集与分析

房地产价格受多种因素的影响和制约，仅根据实地勘察资料还难以准确评估。从各国评估实践来看，相关资料的运用与分析是最终决定估价额的主要参考。相关资料主要包括影响房地产价格的一般因素的资料和类似的实例资料。对于这些资料估价人员平时就应注意广泛搜集并加以整理，在实际进行某项评估作业时，除因特殊需要外，一般可根据估价对象的具体情况及拟采用的评估方法从已积累的资料中选择出有参考价值的资料。对于拟选用的资料一般从影响交易价格的主观因素、客观因素及特殊因素三个角度进行分析。

（一）主观因素对不动产价格的影响分析

在分析主观因素对不动产价格的影响时，应主要从以下几个方面进行考虑：

（1）所有权人偶发的资金调度困难，急需现金周转，因此，贱售不动产以应急需。这时不动产的成交价格多低于正常价格；

（2）共有不动产如果共有人数众多，对于如何处理意见很难一致，部分共有人不堪其烦自行出售其共有产权，其价格多低于正常价格；

（3）债务纠纷，债务人急售不动产以达到脱产的目的，故意贱售；

（4）因迷信或风俗习惯而贱卖或高价购置不动产；

（5）畸零土地无法单独开发利用，其置值较低。但所有权人反以居奇心态，待价而沽，其成交价格可能反而高于正常价格；

（6）买方因某种需要急于购买，往往以高于正常价格成交。

（二）客观因素对不动产价格的影响分析

影响房地产价格的客观因素较多，大致包括环境因素、政治法律因素、经济因素、社会因素以及国际因素等。这些客观因素基本上属于宏观社会力量，它们并不直接决定某宗房地产的价格，但它们对整体房地产市场的价格走势具有决定意义，对某类房地产的价格变化有时亦会产生特别突出的影响，所有这些影响最终都会体现在个别房地产上。

如何分析这些客观因素对不动产价格的影响是一个难度很大、非常复杂的问题。一般来说无法建立起数学模型进行定量度量，主要依靠估价人员长期积累的丰富经验进行综合分析、定性判定。尤其当房地产市场走势不稳、起伏较大、变化难测时，对于这些因素的分析更要依赖于经验，有时甚至体现为估价师的眼力。但是，当房地产市场走势比较稳定，价格变动比较平稳时，这些因素对房地产价格的影响虽然难以准确地进行单因素分析，但其综合作用的结果还是能够体现出一定的规律性的，使房地产价格体现出稳定的变动趋势。表 3-1 即为某个国家、某一城市的一块标准宗地在 1989 年～1993 年间的价格变动情况，利用平均发展速度趋势法，我们可以计算出该标准宗地价格的逐年上涨速度的平均值为 1.21，据此我们可以推测出该标准宗地 1994 年的公告地价为 $P = 5600 \times 1.21^5 = 14525$ 元/m²。

标准宗地 1989 年～1993 年的价格走势　　　　　　　　　　　表 3-1

年份	标准宗地公告地价（元/m²）	逐年上涨速度（%）	宗地价格趋势值（元/m²）
1989	5600		
1990	6750	120.5	6780
1991	8200	121.5	8200
1992	9850	120.1	9920
1993	12000	121.8	12000

（三）特殊因素对不动产价格的影响分析

特殊因素对不动产价格的影响是在特殊条件下发生的，对此类因素的分析更难以掌握，一般主要凭估价师的经验。例如，在政局不稳定的国度里，政治要员的健康或生死，可能对不动产价格产生明显的影响；又如，出售不动产的所有权人，故意喧染特殊的交易实例，以造成购买者的错觉，达到提高售价的目的；再如，有些出售不动产的所有权人，故意掩盖交易实例的部分内容，如掩盖成交实例中含有的相当数额的动产价值，以达到提高售价的目的等。

五、选择估价方法计算及决定估价额

选择估价方法计算及决定估价额，是关系到评估结果能否准确地反映评估对象的市场价值、能否被社会广泛承认的关键步骤。在房地产估价业务比较发达的国家和地区，一般都有资深的估价师参与进行。

（一）估价方法的选择与运用

各个国家和地区都提倡尽量同时采用多种估价方法来评估同一对象，以使之相互补充和印证。但在实际评估作业上，由于种种原因的存在，还是要根据实际情况对估价方法加以选择。

一般来说可根据评估对象的种类、评估目的、评估条件和已有资料等情况，并考虑每种方法的适用范围来对估价方法加以选择；运用选定的估价方法进行计算时，各个国家都有比较固定的步骤可循。但是，由于经济制度（如税收制度、不动产持有政策等）和作业习惯的不同，各国运用同一方法计算试算价格也有所差异，对此应加以注意。

（二）调整试算价格决定估价额

由于各种估价方法基于的计算依据不同，计算出来的试算价格之间存在差异是理所当然的。因此，应对这些试算价格加以调整，综合出一个价格。综合调整的方法有下列五种：

（1）以某一试算价格为主，其他试算价格仅供参考。如某评估对象的试算价格分别为1160元/m²、1050元/m²、和1080元/m²，若以1160元/m²为主，则由于其余两个试算价格都比这个价格低一些，因此，可将价格综合调整为1150元/m²。

（2）求试算价格的简单算术平均数。即将计算出的所有试算价格累加，除以项数。设 P_1、$P_2 \cdots P_n$ 为计算出的 N 个试算价格，则其简单算术平均数为

$$P = \frac{P_1 + P_2 + \cdots + P_n}{N}$$

对于上例，若求其简单算术平均数，则可将价格综合调整为：（1160＋1050＋1080）÷3＝1097/m²。

（3）求试算价格的加权算术平均值。根据各个试算价格的可信程度不同，可分别赋予不同的权数，然后综合出一个价格。设 P_1、P_2、……P_n 为计算出的 N 个试算价格，f_1，f_2……f_n 依次为 P_1，P_2……P_n 的权重，则加权算术平均数为：

$$P = \frac{P_1 f_1 + P_2 f_2 + \cdots + P_n f_n}{f_1 + f_2 + \cdots + f_n}$$

通常于最适用于该评估对象的估价方法所计算出的试算价格，赋予较大的权数。同样是上例，若赋予三个试算价格的权重分别为0.5、0.3和0.2，则可将价格综合调整为：

$$1160 \times 0.5 + 1050 \times 0.3 + 1080 \times 0.2 = 1111 元/m²$$

（4）求其众数。即试算价格数值出现最多者。

（5）求其中位数。即取试算价格的中间值。

根据情况从上述五种方法中选择一种方法，虽然已将多个试算价格综合调整为一个价格，但这个价格通常还不能定为估价对象的最终估价额。一般还要综合估价人员的经验，对市场行情的看法，以及一些影响房地产价格的因素等进行最后的综合评估，决定出最终估价额。因此，最后决定的估价额，可能以计算出的价格为主；也可能以估价人员的其他判断为主，计算结果只是作为参考。一般来说，这一步应由资深的估价师拍板定案。

六、撰写估价报告书

评估对象的最终估价额确定以后，估价人员应对评估工作加以整理，撰写成估价报告书，以提交委托者，说明评估经过，阐述决定估价额的主要依据。各个国家估价报告书的格式无非两种，表格式和自由式（详见附录一、二）。无论是何种格式的报告书，其基本内容大致如下：

1．估价结果。同时应写明是何种价格。

2．估价时点。

3．估价目的。

4．估价条件。

5．估价作业日期。如不注明估价作业日期，也可能发生纷争。如评估对象的某种情况在估价作业时因某种原因无法明确，但事后却趋于明确，从而使该估价对象的价格在同一时点上可能发生变化，导致估价额有误而产生纷争。

6．评估对象及其条件分析

（1）土地部分。主要包括以下九个方面：

1）土地的权利状态及其评估范围；

2）土地的位置、面积、地形及其他自然描述；

3）分区使用规定；

4）交通概况。说明公共交通工具及道路情况；

5）公共设施概况。说明评估对象所在区域的各项公共设施开发、利用及规划情况；

6）土地利用现状。重点分析土地是否达到最有效使用；

7）目前环境与附近土地使用情况；

8）未来土地可利用情形与发展趋势；

9）公法与私法上的限制。

（2）建筑物部分。主要从以下六个方面加以描述：

1）基地地号与建筑物门牌；

2）建筑物权利登记情况及勘估权利范围；

3）基地使用的权利依据；

4）建筑物结构及目前使用情况简述；

5）维护保养及折旧；

6）公法与私法上的限制。

7．评估依据

（1）采用的估价方法及试算价格。

（2）举证相近房地产和类似房地产的市场交易资料、收益资料并加以对比分析。

（3）其他房地产交换、合建、征收、招标、拍卖、出售等可供参考资料的举证与价格分析。

（4）依据不动产价格资料，对不动产价格进行长期趋势分析。

8．附属资料

为便于理解报告内容，一般在报告书后附有以下资料：

（1）待估房地产所在地的略图；

（2）基地平面图；

（3）建筑物平面图及立体图；

（4）买卖实例或估价先例等所在地的略图；

（5）待估房地产及近邻状况照片；

（6）待估房地产如设定他项权利时，其契约条款的副本；

(7) 建筑物估价单；

(8) 该房地产过去的收支资料等。

至此，对房地产估价的基本程序进行了逐一介绍并加以简要的分析。这六个步骤之间又存在着明显的阶段性，即一和二属于估价的准备阶段；三、四、五、属于估价的实施阶段；六为完成即撰写报告书阶段。为了便于直观了解，现将上述房地产评估的基本程序用框图来表示（见图 3-1）。

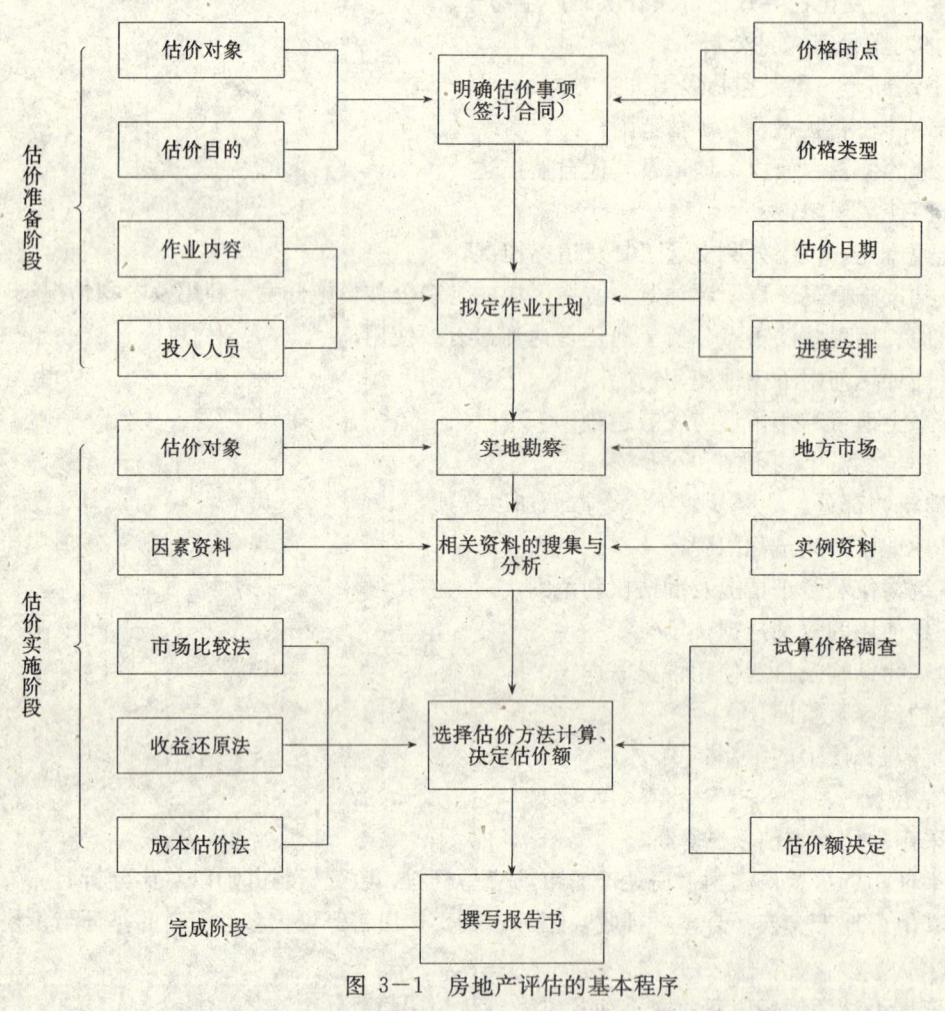

图 3-1　房地产评估的基本程序

第二节　各国（地区）房地产估价程序的差别

虽然各个国家和地区在房地产评估的基本程序上是相同的，但在具体评估作业步骤上仍然存在着一定的差别。了解这些差别能帮助我们更加准确地掌握各国房地产评估所具有的特色。概括起来，主要有以下五个方面。

一、由评估范围不同所引起的差别

就总体而言，虽然各国房地产估价主要针对评估对象的价格。但由于各国房地产制度和政策不同，可能导致估价范围不同，从而引起估价程序上的差异。如有些国家实行了土地增值税制度，有些国家尚未实行土地增值税制度。在实行土地增值税的国家里，房地产估价除前面所介绍的基本评估程序外，还要增加预估税赋一项工作程序。对于房地产交易双方来说，所应缴纳的赋税数额多少直接影响到他们的收入或支出，是决定交易行为的一个参考因素。尤其是在征收较高的土地增值税的国家里，若委托评估人为土地所有权人，则预估土地增值税对他们来说更为重要，是估价工作的一项主要内容。

二、由估价制度不同所引起的差异

各个国家在房地产估价制度、估价业务管理上存在着一定的差别。如欧美诸国以及日本等发达国家，房地产估价制度比较健全，估价业务有明确的规范可循，从而保证了估价作业的合理性。但在房地产估价制度不健全、不完善的国家里，由于没有严密的制度约束，估价纠纷难以保证合理裁决。在这种情况下，估价师在有些方面是仅以职业道德的约束来做出合理估价的，这就难于保证估价业务都具有较高的公正性。为此，有关的估价师组织（或职业协会等）要求对估价作业进行审核。如在台湾就有"送审定案"这一要求，有了这一要求，估价程序将发生一些变化：估价师虽已撰写完估价报告，但估价作业尚未结束，所决定的估价额可能还要根据评审委员会的审核意见重新加以调整。

三、由社会经济制度及管理体制不同所导致的差异

各个国家的社会经济体制存在着明显的差别，这一差别也体现在不动产的占有和所有上。如我国实行社会主义公有制，全民企业归国家所有，全民企业所占有的不动产其所有者是国家，全民所有企业的不动产交易须经国家同意。由此便产生了区别于一般不动产估价程序的我国国有资产（包括其中的不动产）评估的基本程序。在《国有资产评估管理办法》（1991年11月16日中华人民共和国国务院令第91号发布）中明确规定"国有资产评估按照下列程序进行：

（一）申请立项；

（二）资产清查；

（三）评定估算；

（四）验证确认。

其中申请立项是指资产占有单位向其主管部门和同级国有资产管理行政主管部门申请，经批准后方可立项评估；验证确认是指"委托单位收到资产评估机构的资产评估结果报告书后，应当报其主管部门审查；主管部门审查同意后，报同级国有资产管理行政主管部门确认资产评估结果。"评估报告须经验证确认方能生效。

四、由估价方法运用所引起的差异

被各个国家公认的房地产估价的基本方法只有三个，即市场资料比较法、收益还原法和成本估价法。这说明各国在房地产价格评估上所依据的基本经济理论是一致的，评估原理是一致的。但是尽管如此，各国在运用同一方法评估房地产价格时的操作步骤却有所差异。如运用市场资料比较法评估不动产价格，美国一般是通过多因素综合比较进行评估，而日本则一律采用分步骤修正进行评估。从而使两个国家在运用市场资料比较法进行评估时其步骤不同，美国主要经过三个步骤，即交易情况修正、交易日期修正和多因素综合比较，而日本则需要经过四个（或五个）步骤、即交易情况修正、交易日期修正、区域因素修正（及标准化补正）和个别因素修正。对于其它评估方法，在不同的国家里操作步骤也有区别。

五、由阐述问题的详略程度和角度不同所导致的差异

中外有关著作对房地产估价程序的阐述在详略程度上是不相同的，这虽然并不能表明在估价作业程序上也存在相应的差异，但毕竟反映出对各项估价程序的意义有不同的认识。因此，在对各国的估价程序进行比较研究时，对此也不应忽视，应适当地加以分析。

如美国雷利·巴洛维教授在《土地资源经济学——不动产经济学》一书中认为，房地产估价程序应分为九个步骤：①确定所需评估的房地产的确切位置和法律描述；②评定财产权的性质（所有权、租赁权、采矿权等）；③确定估价目的；④确定价格类型（售价、租价、借贷价值、保险价值等）；⑤确定评估的具体日期；⑥检查房地产及其周围环境，并收集所能收集到的有关房地产价格的各种自然物质、经济和制度的因素资料；⑦分析这些数据，并选择一种或多种估价方法对房地产价格进行计算；⑧对采用不同方法所出现的偏差进行调整；⑨提出本人对所评估的房地产价格的看法的报告。[1] 从中可以看出，雷利·巴洛维教授所阐述的这九个步骤是房地产估价的基本程序；台湾陈满雄先生在《不动产估价理论与实务》一书中认为，房地产估价的"作业流程"是：①业务争取与接洽；②作业计划；③资料研究；④现场勘察；⑤地价资料分析——利用各种估价方法估价；⑥撰写报告；⑦送审定案；⑧预估税赋；⑨综合作业。[2] 虽然也是九个步骤，但其覆盖面较雷利·巴洛维教授广泛得多，对于估价作业前后的有关事项也给予了应有的重视；我国的柴强博士在其著作《房地产价格评估》一书中认为："评估一宗房地产价格的全过程和步骤如下：①估价任务来源；②受理估价委托及明确估价的基本事项；③初选估价方法及确定投入人员。④制定估价作业计划；⑤实地勘察及搜集整理相关资料；⑥选择估价方法计算及决定估价额；⑦撰写估价报告书；⑧交付估价报告书及收取估价服务费。"[3] 从中可以看出，柴强博士也将估价程序延伸到估价作业之前的"估价任务来源"，和撰写报告书之后的有关善后处理。而雷利·巴洛维教授对估价程序的阐述就是分析估价作业过程。

若进一步分析雷利·巴洛维教授、陈满雄先生和柴强博士对估价程序的阐述，很容易地看出，三者之间的差异不仅仅体现在对估价程序介绍的详略程度上，其实，其主要原因在于分析问题的角度不同。雷利·巴洛维教授的着眼点是估价人员的评估作业；陈满雄先生和柴强博士基本上是站在估价事务所如何经营和管理的角度上来分析估价程序的。

当然，随着房地产业和社会经济的发展，各个国家在评估程序上还可能产生新的差别。

附录一　表格式估价报告

估 价 报 告

尊敬的先生　　　　　　　　　　　　　　　　　　　　　　　日期————

我，（估价师姓名），受（委托估价者姓名）委托，对下面描述的房地产进行了调查和分析：

（此处填写房地产地址

及法定描述）

经我对该房地产作了详细的检查后，我的结论是：在 19　年　月　日时，其市场价格为：

---

❶ 参见雷利·巴洛维：《土地资源经济学——不动产经济学》，北京农业大学出版社。
❷ 参见陈满雄编著：《不动产估价理论与实务》，台湾中华征信所企业股份有限公司出版部1984年1月增订版。
❸ 见柴强著《房地产价格评估》，中国物价出版社，1993年版。

总计_____美元

其中，土地_____美元，建筑物_____美元。

我重申，根据我所具有的良好的经历，我相信这个估价是正确的。

我与此房地产现在或将来均无利害关系，对估价报告中所作估价出现的意外，负责赔偿。

对于建筑物的本身情况，只作了直观的检查，在工程师未作试验前，不对结构部分的可靠性承担责任。

恭敬地提供

_____

（估价师签名）

（包括估价师最高职称及是

否某估价协会会员等）

_____

估价

委托人_____ 地址_____

房地产_____类型_____地区____街区___建地___卷___页___19 年 月 日

确定的价格：土地____美元，建筑物____美元，总计___美元

土地的尺寸____面积____建筑物的尺寸____附加部分____高度____材料____供热

____情况____用途____现有抵押贷款_____

兹 证 明

上面描述的房地产，经签字人个人检查和估价，其价格如下：

当前土地的价格_____美元

当前建筑物的价格_____美元 ｝总计_____美元

租金估计为_____美元

附注：

_____

（日期）

签名_____

附录二　自由式估价报告

（一）信　　件

受信人：

日期 1993 年 11 月 7 日

事由：××不动产估价

尊敬的先生

1993 年 8 月 9 日接受你的委托，我们对上述的不动产进行了调查，并对它的现在的市场价格作出评估。我们对此土地进行估价的基础是：预定的分割方案、市场调查和开发成本。

估价总额

在 1993 年 11 月 1 日，此不动产在没有债务负担占有绝对产权时的估价为 500000 美元（伍拾万美元）。

在阅读估价总额时，请参阅附件估价报告中所载详细情况。

感谢你的委托。

（估价师签名）
××估价学会会员、注册估价师

（估价师签名）
××估价学会会员、注册高级估价师

（二）估 价 报 告

1. 自然状况

此不动产为未经开发的约 4 亩荒地，规划为住宅用地，现为××公司所有。土地为起伏状的山坡地，有溪谷，主要朝向东南，可以见到××海港入口。此土地已经有成熟的分割方案和开发计划。在××市内，未开发的土地已十分稀少，但在此地区的需求仍然旺盛。

2. 法定描述

此不动产是位于××市的 3.985 亩土地，建地编号 1 DP9192；此土地于 1985 年在公报上公布为××公司所有，登记在市土地厅的登记簿册第 30 卷 1829 页。

公布的公告复印文见本报告附件一。

3. 城市规划

地方当局：××市政务会

规划：住宅用地 A1

这种规划属于低密度住宅区，建造低层建筑物，保留较大的开放空间。

这种规划主要包括：

（1）一幢居住房屋；

（2）不超过两幢并联式住房；

（3）不超过两个家庭单位。

建筑条例见本报告附件二。

4. 位置

此不动产位于主要大道××路与××路之间，是传统的居住区，不动产价格属于中、低档范围。

此不动产南面有国际机场，周围有商业网点、幼儿园、学校、大学、医院及游乐场所。

当地地图见附件三。

5. 现场描述

此不动产基本朝向东南，被溪谷分为两个坡地，溪谷部分形成道路，一侧的坡地朝向东南，可以见到海景，另一侧则朝向西北，仍能见到海景。土地的高程在85m～120m。

地表为腐殖土，整个现场爬满藤蔓植物。

不动产的照片见附件四。

6. 开发设想

基于该不动产的规划为住宅用地，最有效使用是将它分割成建筑基地，附件五所示的分割图，编号62029，已于1974年经住宅规划部门批准。此分割图将土地分割为41块单独的建筑基地。

因为高程相差很大，就有大量的土方工程，包括将南面的坡地平整，这就增加了能观看海景的建筑基地，从而提高了它们的价格。

每块建筑基地都能得到正常的城市供应服务，包括：排水、防洪、供水、动力、电话、煤气等。

7. 市场分析

该不动产在1～3年间可开发成价格为中等水平的住房。该区域内的住房不能满足买方的需求，尤其是对初次购房者。例如，1993年4月，××公司出售的40块建筑基地，平均价格为＄120000，出售当天全部售完；其后一个月，另一家公司出售29块建筑基地，平均价格为＄92000，当天就售出20块。

最近，还有43块建筑基地在开发待售，其价格从＄34100到＄59400；1994年将有30块建筑基地待售；未来10年中，另有20块建筑基地待售。

此不动产的优点是：周围有学校，有公共汽车服务，有良好的道路直达市区，可以观看海景等。但也有它的短处，一些建筑基地朝北，暴露在寒冷的北风中，朝东南的建筑基地可以沐浴早晨的阳光，但部分基地只有在下午才能见到阳光。

但是，这块土地是这个区域内最后一块未开发的土地。

8. 估价的基础

根据分割方案预算来对此不动产进行估价。此预算通过对比法与本地区内其他的分割方案作比较得出，并考虑到景观、尺寸、位置、朝向等因素，作了调整，分割预算见附件六。

计算如下：

总收益	＄2300000
销售费用	130000
纯收益	2170000
利润及风险	500000
	1670000
开发成本	1167875
	502125
估价	＄500000

伍拾万美元

9. 结论

此不动产为××公司所有，规划为住宅用地A1，其最有效使用为开发成住宅建筑基地。分割方案已在1974年由住宅规划部门批准。

此外，我们认为下列因素对价格评估有利：

(1) 我们相信，在本地区好的住宅基地的需求继续旺盛；

(2) 本地区的不动产价格正在由低档向中档发展；

(3) 此不动产的主要部分都能观看海景，某些建筑基地还可避免日光直晒；

(4) 经我们调查，在本区域范围内，这是最后一块可供开发的土地。

最后，我们对此不动产的估价，是基于拥有绝对产权。

感谢你们的委托，需要作进一步的说明，请与作者联系。

（估价师签名）

××估价学会会员、注册估价师

（估价师签名）

××估价学会会员、注册高级估价师

附件：

一、地块四至图

二、建筑条例、A1

三、地图（位置图）

四、现场照片

五、分割图

六、分割预算

七、建筑基地售价

八、对比资料

第四章 海外房地产估价方法

第一节 各国（地区）房地产估价的基本方法

一、房地产估价的原则

房地产估价，毫无疑问应当做到客观、公正、科学、合理。而要做到客观、公正、科学、合理，就必须遵循房地产价格形成运动的客观规律。房地产价格的形成运动有其客观性，并不因个别人的主观愿望而转移。房地产估价人员对房地产价格的评估，也不是将他们主观随意认定的价格强加于待估房地产，恰恰相反，他们要遵循房地产价格形成运动的客观规律，运用自己对房地产价格形成运动的客观规律性的认识与掌握，通过评估，把房地产的内在价格（价值）反映出来。人们在对房地产估价的反复实践和理论探索中，逐步认识了房地产价格形成运动的客观规律，并总结出了一些简明扼要的在估价活动中应当遵守的法则、标准或应注意的问题，这就是房地产估价的原则。这些原则并非孤立存在，它们之间是相互关联相互影响的。由于各国和各地区在房地产方面实行的制度和政策不同，房地产价格形成运动的客观方面既有相同的地方，也有不一致的地方，因此使得房地产价格评估的原则并不完全相同。归纳如下：

（一）公正原则

所谓公正原则是指在估价中指导思想要尊重客观事实，不带主观随意性，不受外部干扰，也不屈服于外界压力，以评估标的物的价值为依据，符合客观实际，按照科学的评估标准、方法和程序，实事求是地进行估价。

房地产价格评估，具有一套严谨的评估程序，复杂的计价标准，科学的测算方法，其目的在于符合房地产商品的特殊性，求得一个公平合理的价格。

房地产价格评估必须坚持公正的立场，房地产是基本生产和消费资料，又是高值产品，其价格水准的制订直接关系到各方当事人的切身经济利益的实现，并影响到房地产价格评估工作的社会声誉和权威性。若评估的价格不公平，必然影响交易双方的利益。如为房地产出售，评估价格若比真实价格高，则出售者得利；如为征税，评估价格若比真实价格低，则政府受到损失。

房地产价格评估公正原则，主要体现在三个方面：一是遵循商品的价格规律，按照房地产商品使用价值，实行等价交换；二是按质论价，对各类房屋按质量差别，实行分等论价；三是实事求是，如实反映房屋建筑状况，不提高房屋等级，不压低房屋单价，不遗漏评估增减因素。

坚持公正原则，一方面要深入调查研究，掌握可靠的、准确的第一性资料，采取科学的计算方法，仔细地计算每个产业价值和进行分析论证，客观地评估；另一方面评估人员必须公正清廉，不偏袒任何一方，估价人员与被评估的房地产若有利害关系或是当事人的近亲属，应实行回避。

（二）科学原则

科学原则是指估价工作中所采用的定性和定量分析方法，必须符合客观实际，体现事物的内在联系。只有用科学的方法，方能有估价正确的结果。

科学性是公正、合理的基础。科学的测算标准、测算原则、程序、方法是评估公平、合理、正确的基本保证。房地产构成因素比较复杂，往往对一个具体的房地产项目价格评估，会有不同的结果，究竟哪一个数据更符合实际状况，取决于它的测算手段更科学、更精密。

科学性要求有科学的测估规范，同时要求评估人员有完整的知识结构和科学分析的头脑，并要有一定的实际操作经验。只有这几方面有机结合，才能做到科学地测估。

（三）适法原则

适法是指房地产价格评估必须以有关法令为依据，不得自行其事。房地产涉及各方当事人的权益，关系重大，因此房地产估价必须要依法办事，严格遵循国家和当地政府有关的法规进行评估。

房地产估价，要在法律规定的房地产使用的条件下进行。如城市规划规定了土地的用途、容积率、覆盖率、建筑高度与建筑风格等，则房地产的估价就必须在房地产的使用符合这些限制的范围内进行。在国外，所谓城市规划创造土地价值，在一定程度上反映了这一原则。例如，某块土地城市规划限定为居住用途，即使该土地的坐落位置适合于作商业用途，评估这块土地的价格时，仍应按该土地作为居住用途使用，除非得到市政当局规划部门的批准，改变使用用途。再如，某块土地城市规划限定的容积率为4，评估这块土地的价格时就必须以该土地的容积率不超过4为前提进行，若以容积率超过4来估价，由于超出的容积率没有法律保障（且违法），由此评估出的较高价格也就得不到社会承认。

（四）供求原则

在市场经济中，商品的价格决定于需求与供给的均衡点。如价格低于此均衡点，需求便超过供给，价格随之提高。反之，如价格高于此均衡点，供给则超过需求，价格随之下降，此即所谓供求均衡法则。

房地产也是一种商品，所以其价格和其他商品一样，由需求与供给的相互关系而定。但房地产具有一些自然与人文特性，使其不完全遵循上述供求均衡法则，而形成其特有的供求原则。

首先，由于房地产具有地理位置的固定性，使其需求与供给都限于局部地区，供给量有限，竞争主要是在需求方面进行。即房地产不能实现完全竞争，所以其价格的独占性倾向较强。

其次，由于交易对象的房地产具有个别性，各个房地产都有独特的性格，因此其替代性也有限。

最后，需求方与供给方都不容易了解何处有供给或需求。

正因为如此，房地产不能完全根据供求均衡法则来决定其价格。在进行房地产估价时，应充分了解房地产的这一特性。

（五）替代原则

有两个以上可以互相替代的商品同时存在时，商品的价格是经过两者相互影响之后才决定的。房地产也同样，某房地产的价格受同类型具有替代可能的其他房地产价格所制约。

即同类型而有替代可能的房地产之间，会相互竞争，使其价格互相牵制而趋于一致。这种同类型的房地产价格，如果在同一供需圈内，即可应用市场资料比较法估价。也就是说，市物资料比较法是以替代原则为基础的。

对于现存而可重置的房地产，如果新置同类型房地产有替代可能时，则现存房地产的价格不能超过新置或新建的成本。这样，对可能重置的房地产来说，由于替代原则的影响，使得重置成本成为该房地产价格的上限，亦即替代原则是成本估价法成立的依据。

替代原则与收益还原法也有密切的联系，因为某房地产的价格，如有替代可能，则可迅速决定能与该房地产产生同等纯收益的其他房地产的投资额。可见，替代原则是表示合理经济行为的基本原则，适用范围很广。

（六）最有效使用原则

由于房地产具有用途的多样性，且房地产所有人通常都期望从其资产中获得更多的收益，并以能满足这一目的为选择用途的依据。亦即在合法前提下的最佳使用，以获利最大的使用方式来衡量。所以，房地产价格是以能使该房地产的效益作最有效发挥为前提的。一般情况下，房地产应当处于最有效使用状态，但事实往往并非如此。许多房地产使用并不一定合理，由于所有人或其他权利人的个人原因导致房地产不能充分发挥其效用。

既然房地产价格是以最有效使用为前提的，则进行估价时，就不应该受现实的使用状况所限制，而应在合法前提下对在何种情况下才能最有效使用作出正确的判断。例如，市区中的农田，其最有效使用方法可能是住宅用地，所以就不能完全用农田的价格来评估这块土地的价格。

检查某房地产是否为最有效使用时，应考虑的内容是：待估房地产的最有效使用方式是什么，现在的使用方式是否是最有效使用；如果不是，是否有转换为最有效使用的可能；这种有效使用能持续多久等。尤其是最有效使用的持续期的判定至关重要，因为牵涉到将来的问题，而与预测原则相关连。将来的情况多少具有不确定性，所以，若两个以上的估价师对同一房地产的估价有差异，就是因为他们在有关最有效使用原则和预测原则上见解不同的缘故。

（七）预测原则

对于价格的评估，重要的并非过去，而是未来。过去经验的重要意义在于为推知未来的动向提供依据。商品价格是由反映该商品将来的收益所决定的，房地产也相同，它的价格也受预测价格形成因素的变动所左右。所以收益性房地产的投资者，是在预测该房地产将来所能获得的收益后进行投资的，但这种预测必须了解过去的收益。价值是现在至将来能带给权利人的利润总计，但在通常情形下，这些利润的量、质及延续性是对照过去经验来加以评定的。

由于预测是要预计将来的变动，房地产估价人员应就价格形成因素作客观合理的预测，严格排除脱离现实的利用，或投机及其他违法使用的预测。

预测原则，对于地区分析、买卖实例价格的检查、纯收益或还原利率的决定等是非常重要的。

（八）估价时日原则

房地产市场是变化的，因此，房地产价格具有很强的时间性，它是某一时日的价格，在不同的时日，同一房地产会有不同的价格，所以，评估某房地产的价格时，必须假定市场情况停止在某一时日上，这一时日即估价时日。所谓估价时日，是指待估房地产的估价额所指的具体日期，通常以年、月、日表示。一般将估价人员执行现场查勘的日期定为估价时日，或因特殊需要将其他日期指定为估价时日。确定估价时日原则的意义在于：估价时日是责任交待的界限和评估房地产时值的界限。如政府有关房地产方面的法规、标准、税收等的发布、变更、实施日期等，均可影响评估的房地产的时值。再如，若采用市场资料比较法评估某房地产的时值，选用的是估价时日以前的市场交易实例作为分析比较的依据，由于比较实例的交易时间不同，其时值也不同。因此，要将不同时间的比较实例的价格都修正到某一标准时间，此标准时间即为估价时日，这样，这些实例才能作为等价的替代物，才有可比性。

二、市场资料比较法

应用市场资料比较法进行房地产估价，其基本条件是需要有一个充分发展的房地产市场，以及一个可以便捷利用的市场资料源。它是将待估房地产与相应市场上类似房地产的交易案例直接比较，对形成的差异作适当的调整。如：位置、施工质量、房龄、平面布置、设备、交易情况和交易日期等，条件比待估房地产好的，可将其价格下调，条件比待估房地产差的，将其价格上调，以求得其实际的市场价格。这个价格大致是买方、卖方和贷款方都能接受的价格。

市场价格的特点是：无论买方或卖方都没有受到任何不正常的诱导；双方都掌握了待交易房地产的全部资料，并已对己方的利益进行了分析；交易用现金支付；假如要贷款，贷款应按通常有效的条件提供；房地产交易是在正常条件下完成，不受其他因素的影响；按此价格将该房地产投放公开的房地产市场，在短期内能将此房地产售出。

因此，所谓市场资料比较法，是在评估待估房地产价格时，将待估房地产与在同一地区、在较近时间内已经发生了交易的类似房地产资料加以比较对照，从已经发生了交易的类似房地产的既知价格，修正得出待估房地产的真实、客观、合理价格的一种估价方法。这里所谓类似房地产，是指除所处地区外，在用途、建筑结构、建筑面积等方面，与待估房地产相同或相似的房地产，采用市场资料比较法求得的价格，通常称为比准价格。

市场资料比较法的理论依据，是房地产估价原则中的替代原则。一般而言，任何经济主体（个人、企业等）在市场上的行为，是要以最小的费用取得最大的利润，所以他们在购买物品时，都要选择效用大而价格低的。如果价格与效用比较，显示价格过高或效用过低，则此物品不会有人购买。市场上经济主体的这种选择行为的结果，是在效用相等的物品之间产生相同的价格。在房地产市场上，若有两宗以上效用相等的房地产同时存在时，明智的购买者会选择价格最低的；若有两宗以上价格相同的房地产同时存在时，明智的购买者会选择效用最大的。亦即在从事房地产交易时，任何有理性的当事人都会依据"替代原则"将拟交易的房地产价格与类似房地产的价格进行比较，然后作出决定。任何购买者不会接受比市场上正常价格高的价格成交，任何卖者也不会接受比市场正常价格低的价格成交，最终是类似的房地产，其价格相互制约、相互接近。因此，在评估一宗房地产的价格时，可以用类似房地产的既知交易价格，用以比较求得待估房地产的未知价格。

在运用市场资料比较法评估一宗房地产的价格时，通常采用单价来比较，其评估程序为：

（1）广泛地收集交易实例；

（2）选择其中符合条件的交易实例供比较参照；

（3）进行交易情况修正；

（4）进行交易日期修正；

（5）进行区域因素修正；

（6）进行个别因素修正；

（7）综合评估决定估价额。

图 4-1 为其评估程序图。

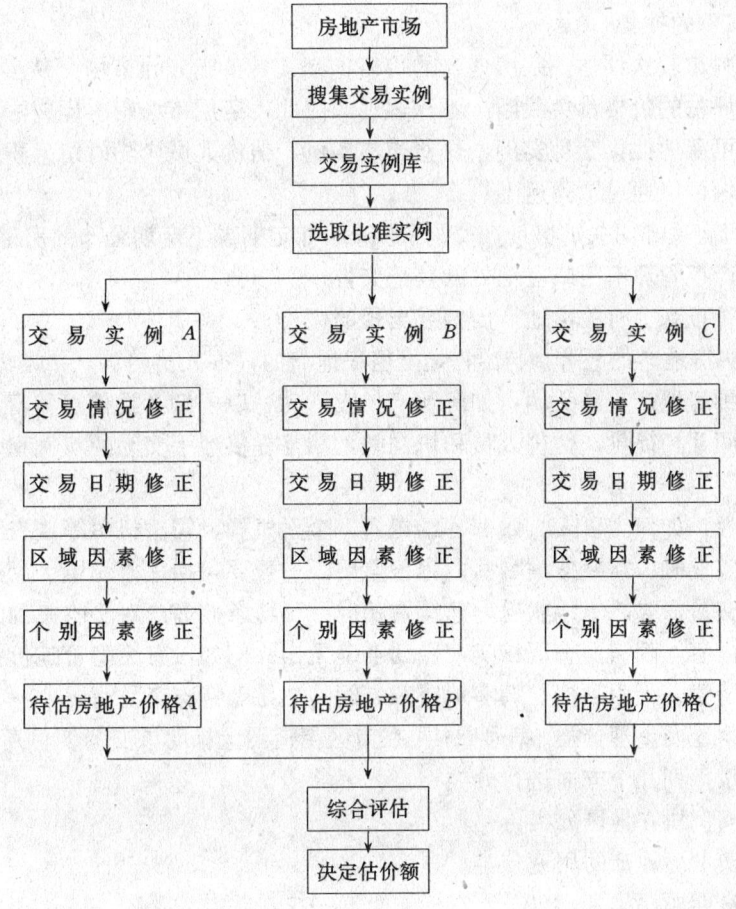

图 4-1 评估程序图

市场资料比较法由于是以替代原理为其理论基础，而且符合当事人的现实经济行为，以市场上实际的交易价格为估价基准，只要有充分的类似房地产的合适交易实例资料即可应用，所以在房地产市场比较发达的国家和地区，它是一种说服力较强，具有现实性，适用范围广，被普遍采用的重要估价方法。

当然，市场资料比较法也有其不足之处，即使在房地产市场发展的国家，某些类型的房地产很少进行交易，或不进行交易，因此就缺少有效的市场实例资料，此类房地产有教堂、寺庙、墓地及公共建筑等，很难采用市场资料比较法进行评估。

此外，运用市场资料比较法时，需要对各种因素进行修正，而各种因素对房地产价格的影响程度并不相同，有的因素使房地产价格降低，有的因素使房地产价格提高；有的影响大，有的影响小；它还随着时期的不同、地区的不同、房地产类型的不同等条件而相互转化其主次。一些因素是可以利用数学模型来来度量，但更多的因素对房地产价格究竟有多大程度的影响，主要靠人们长期积累的丰富经验来作出比较。因此，运用市场资料比较法对房地产价格进行评估，既要借助于科学的估价方法，又不能简单地运用某些计算公式来解决，要依靠具有高深的知识和丰富的经验、对当地的房地产市场特性与交易习惯具备丰富知识的估价人员进行估价，通过对影响房地产价格的多项因素进行综合分析，然后作出准确的判断。

（一）交易实例的搜集

运用市场资料比较法评估一宗房地产的价格，必须具备充分的市场交易实例资料，如果资料过少，则评估的价格难免武断。不够客观。因此，运用市场资料比较法从事房地产估价时，要求尽可能地搜集交易实例，这些交易实例，估价人员应随时留意积累。

搜集交易实例可以通过下列途经：

（1）查阅政府有关部门关于房地产交易的资料，如定期或不定期公布的房地产市值、价格指数，房地产产权管理部门或登记处的登记文件；

（2）查阅各种报刊上有关房地产出售或出租的广告；

（3）作为购买房地产的顾客，与出售、出租房地产的经办人员洽谈，并收集有关资料；

（4）参加各种房地产交易活动，如房地产拍卖活动，以了解各类信息和行情；

（5）同行之间互相提供，估价人员和机构间，相互提供经手交易的实例和估价案例资料；

（6）其他途径，如何当事人、四邻、经纪人、金融机构、司法机关等调查了解。

在搜集交易实例时，需要搜集哪些内容很重要。一般要包括坐落位置、用途、交易价格、交易日期、交易双方、土地状况、建筑物状况、环境条件等。对于收集到的每一个交易实例、每一个内容，都需要查证核实，做到准确无误。例如，有无隐价瞒价情况，有无急于出售、债务清偿、人为哄抬、畸零地或亲友间的交易等特殊交易情况。

搜集到的资料还要整理分类、编号归档，在市区街道图上标明该交易实例所在位置，以备随时应用。可按下列几个方面进行分类：

（1）按交易实例所在地区分类；

（2）按交易实例房地产的用途分类；

（3）按交易日期顺序排列；

（4）按交易实例资料的准确程度分类。

作为房地产咨询评估机构，应当建立房地产交易实例资料库或资料中心，将房地产交易实例分门别类存入计算机中。

（二）比准实例的选取

符合条件供比较参照的交易实例通常简称为比准实例。估价人员搜集和积累的交易实例较多，但针对待估房地产来说，其中许多交易实例并不适用。因此，在对某一房地产进行估价时，还需要选择其中符合条件的交易实例，作为供比较参照的交易实例。供比较参照的交易实例选择得恰当与否，直接影响估价的精度，因此，应特别慎重。选取比准实例应符合下列要求：物质的同一性或类似性；地点的同一性或类似性；时间接近；交易情况正常。具体选取时应尽量做到：

（1）与待估房地产的用途应相同。这里主要指大类用途，如果能做到小类用途也相同则更好。大类用途如：办公楼、商店、住宅、旅馆；工业、仓库等。小类用途如商店又可分为：超级市场、销售中心、临街店面等；住宅又可分为单户住宅、多户住宅等。

（2）与待估房地产的建筑结构应相同。建筑结构可分为：简易结构、砖木结构、砖混结构、钢筋混凝土结构和钢结构。

（3）与待估房地产所在地区应相同，或在同一供求范围内的类似地区。由于要求用来比较参照的交易实例房地产，与待估房地产之间具有替代关系，因此，比准实例必须是在同一供求范围内的类似地区中的房地产交易，如果有在同一地区的比准实例则更好。

（4）与待估房地产的价格类型应相同。这种价格类型有：买卖价格、租赁价格、抵押价格、征税价格和入股价格等。

（5）与待估房地产的估价时日应接近。估价时日是指决定待估房地产估价额的基准日期。接近的含义是相对的。如果房地产市场相对稳定，则几年前的交易实例仍然有效；如果房地产市场变化快，则有效期将缩短。一般认为三年以上的交易实例不宜采用，因为在进行交易日期修正时会出现较大的偏差。

（6）该交易实例必须为正常交易，或可修正为正常交易。所谓正常交易，是指交易是公开、平等、自愿的，即在公开市场、信息通畅、交易双方平等自愿情况下的交易。

（三）交易情况修正

交易情况修正，是排除掉交易行为中的一些特殊因素所造成的交易价格偏差。由于房地产市场是不完全市场，其交易价格往往容易受当时一些特殊行为的影响，这就必须将个别的特殊情况予以排除，使其正常化。换言之，基于特殊情况的交易价格是一种偏差价格，不适合直接作为比较的参照价格，所以，应予以修正，使其成为正常价格。

特殊情况所包含的情形很复杂，但主要有以下几项：

（1）有特殊原因或特别利害关系的相互间的交易。例如亲戚之间、有关系的公司之间或公司与本单位职工之间的交易，再如将住宅卖给现租户的交易等，通常都会以低于市价的价格进行交易，所以应该进行修正。

（2）交易时有特别的动机，这以急于脱售或急欲购买为典型例子。急于脱售房地产的价格往往偏低，急欲购买又使房地产价格往往偏高；为了收买大厦建筑用的邻接土地，也常常会出现较高的价格，从而影响附近的地价。

（3）买方或卖方无知，不了解市场行情。如果买方不了解房地产市场行情，盲目购买，则交易价格往往偏高；反之，卖方不了解房地产市场行情，盲目出售，则交易价格往往偏低。

（4）特殊方式的交易，如拍卖、招标等。在这些情况下的买卖，由于一般购买者不容易参加，所以通常会低于正常价格。

（5）其他的特殊交易情况。主要考虑交易上的各种特殊条件，例如增值税本应由卖主负担，却转嫁给买主；由买方支付房地产经纪人的佣金等。

在选取供比较参照的交易实例时，若有足够充分的交易实例，可将非正常交易的实例剔除。若可供选取的类似交易实例比较少，不得不选用在特殊情况下的交易实例，则应解决如何加以修正，才能使其成为正常价格。对于上述的情况，有的只要根据计算即可修正；而其他的特殊情况，则需要测定特殊情况使正常价格发生偏差的程度，但因为没有统一的尺度，所以这种测定非常困难。在这种情况下，究竟应该修正多少，主要依靠估价人员随交易案例的具体情况加以判断，别无他法。当然，作为估价人员平常应该多搜集和整理买卖实例，并加以分析，使得具备全面的知识、丰富的经验，从而能够把握适当的修正率。

（四）交易日期修正

交易实例的交易日期与求取待估房地产估价额的日期，两者之间有时间上的差异，在此期间，房地产的价格也可能发生变动：上涨或下跌。因此，必须进行适当的交易日期修正，以符合估价时的实际市场情况。

交易日期修正一般采用变动率（如地价指数或房屋价格指数等），利用变动率，将交易实例的价格修正为估价日期的价格。这时所使用的变动率，应求取该交易实例房地产所在地区，或与该地区有相似的价格变动的类似地区的土地或建筑物的价格变动率。

利用价格变动率或价格指数进行交易日期修正的公式是

修正为估价日期的交易实例价格

＝交易实例当时成交价格×价格变动率

$$＝交易实例当时成交价格×\frac{估价日期价格指数}{交易日期价格指数}$$

严格说，不是任何类型的房地产价格指数都可采用，因为不同类型的房地产其价格变动的方向和程度并不相同，故适用的价格指数还必须是与待估房地产相类似房地产的价格指数。若缺乏这种价格指数，也可采用另一种方法进行交易日期修正，即调查在过去不同时间的数宗类似房地产的价格，找出这类房地产价格随时间变化的规律，由此再对供比较参照的交易实例进行交易日期修正。

（五）区域因素与个别因素修正

供比较参照的交易实例应与待估房地产属于同一地区或同一供求范围内类似地区中的房地产交易，在选取这类交易实例，进行交易情况和交易日期修正后，还需进一步进行区域因素及个别因素的修正。因为交易价格反映了房地产所在地区的区域因素和该房地产的个别因素。进行区域因素和个别因素修正，是市场资料比较法中的难点和关键。

交易实例房地产若与待估房地产不是存在于同一地区中，则应将交易实例房地产所处地区与待估房地产所处地区的区域因素加以比较，找出由于区域因素优劣所造成的交易价格高低，从而进行增减修正，使其成为待估房地产所处地区的区域因素下的价格。此后再进一步将交易实例房地产与待估房地产的个别因素加以比较，进行类似的修正。如果交易实例房地产与待估房地产处在同一地区中，则不需作区域因素修正，只就个别因素加以比较，进行相应的修正。

区域因素修正的内容有：交通，繁华程度、噪声、景观、城市规划等影响房地产价格的因素。个别因素修正的内容为：面积、形状、临街状态、地势等影响房地产价格的因素。由于使用性质不同的房地产，影响其价格的区域因素与个别因素不尽相同，因此具体比较的内容也不尽相同。如商业区着重繁华程度，住宅区讲求宁静、安适，工业区重视交通运输。在运用时，应将这些因素列表进行比较，使其能一目了然。要注意，交易实例的区域因素与个别因素，是交易实例交易当时的区域因素状况与个别因素状况。

（六）综合修正计算

由上可见，以市场资料比较法来求取待估房地产的价格时，通常需要进行交易情况修正、交易日期修正、区域因素修正和个别因素修正。通过这些修正，把交易实例房地产的价格转变成待估房地产的价格。其计算公式如下

待估房地产价格＝交易实例房地产价格×交易情况修正系数×交易日期修正系数×区域因素修正系数×个别因素修正系数

由于选用的比较参照交易实例有多个，通过上述各种修正后，每个交易实例都会得出一个价格，而且不可能完全一致，最后需要综合求出一个估价额，定为待估房地产的估价额。此估价额可通过简单的算术平均、加权算术平均、以某个交易实例的价格为主同时参考其他交易实例的价格等方法求得。

（七）市场资料比较法实例

实例一

在甲县有一块待估土地，面积为471686m²，在同一地区可找到四块与待估土地条件大致相同的地产，并已正式转让过户，所有资料列于表4-1中。

土地售价比较表　　　　　　　　　　　　　表4-1

项目编号	待估地产	1	2	3	4
地点	甲县	甲县	甲县	甲县	甲县
交易（或估价）日期	1992.12.15	1992.5.21	1991.7.27	1991.5.6	1992.3.24
售价（美元）		4500000	2380000	3450000	2226620
面积（m²）	471686	537688	164661	772358	391318
地形	略呈起伏	多树	多树	多树/空旷	多树/空旷
时间差异		0.57	1.39	1.61	0.73
交易日期因素修正		8.55％	20.85％	24.15％	10.95％
初次调整后每平方米售价		9.08	17.47	5.55	6.31
因素修正		—	—	—	—
个别因素修正					
面积		—	−50％	＋50％	—
地形		—			—
其他		—			—
共计修正		—	−50％	＋50％	—
二次调整后每平方米售价		9.08	8.73	8.31	6.31

1. 交易情况修正与区域因素修正

所有交易实例房地产均在同一地区，条件相同；同时已剔除非正常交易实例。故此两项因素不需进行调整。

2. 交易日期修正

所有交易实例房地产的价格，均为估价日期以前完成交易的价格。所以，要将这些价格修正为估价日期的价格。已知近几年来，地产的价格每年上涨15％。因此：

地块1修正为估价日期的价格

$$=\frac{4500000}{537688}\times\left(1+\frac{208}{365}\times15\%\right)$$

$$=8.37\times(1+0.57\times15\%)=9.08 \text{ 美元}/m^2$$

地块2修正为估价日期的价格

$$=\frac{2380000}{164661}\times\left(1+\frac{507}{365}\times15\%\right)$$

$$=14.45\times(1+1.39\times15\%)=17.47\ 美元/m^2$$

地块 3 修正为估价日期的价格

$$=\frac{3450000}{772358}\times\left(1+\frac{589}{365}\times15\%\right)$$

$$=4.47\times(1+1.61\times15\%)=5.55\ 美元/m^2$$

地块 4 修正为估价日期的价格

$$=\frac{2226620}{391318}\times\left(1+\frac{266}{365}\times15\%\right)$$

$$=5.69\times(1+0.37\times15\%)=6.31\ 美元/m^2$$

3. 个别因素修正

地块 1 和地块 4 的面积与待估地产的面积接近，故不加以修正。地块 2 面积适中，要求的开发投资小，周期短，所以相对而言风险也小，因此地块 2 的价格高，为此要将其价格下调，参照该地区的地价水平，下调 50%。地块 3 与地块 2 恰好相反，因此其价格低，应将其价格上调 50%。

4. 综合修正计算

对表 4-1 中条件不尽相同的因素进行修正后，其中有三块每平方米价在 8.70 美元左右。因此，将地块 4 剔除，将剩余三块的价格用简单算术平均法算出待估地产的估价为：

$$(9.08+8.73+8.31)\div3=8.71\ 美元/m^2$$

因此，将待估地产每平方米的价格定为 8.70 美元。这样，待估地产的估价额为：

8.70×471686≑4100000 美元

也可较类似的交易实例，赋予较大的权数，反之赋予的权数较小。以此例对地块 1、2、3 分

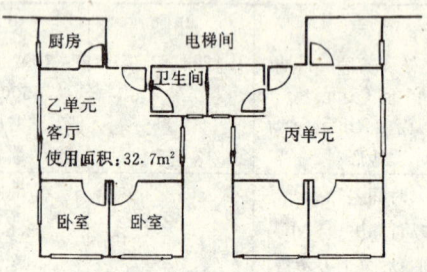

图 4-2　建筑平面图

别赋予 0.5、0.2、0.3 的权数，采用加权算术平均，则待估地产的估价为：

$$0.5\times9.08+0.2\times8.73+0.3\times8.31=8.78\ 美元/m^2$$

8.78×471686≑4100000 美元

由于地块 1 的条件与待估地产更接近，也可以此价格为主，用其他地块的价格作为参考加以调整。因为地块 2、3 的价格均比地块 1 低，所以可将价格定为 8.90 美元/m²。

8.90×471686≑4200000 美元

实例二

要求评估××道××号××大厦 3 楼乙单元住宅单元在 1993 年 10 月 5 日的市场价格。

有关该住宅单元的资料如下：建筑物建造日期为 1985 年，楼内设有电梯，建筑物及设备保养情况良好；该住宅单元使用面积为 32.7m²，包括卧室两间，客厅、厨房和卫生间各一间，该单元面向××道，是个面向东及南的单元，位于属于中下层居民的居住区，估价时房屋空置。该地区在 1993 年至 1994 年对住房的需求很大，住宅的市价正在上升。

该住宅单元的建筑平面图见图 4-2。

1. 交易情况修正与区域因素修正

所有交易实例房地产均在同一地区，条件相同，均为正常交易，故此两项不需进行调整。

2. 交易日期修正

所有交易实例房地产的价格，均为估价日期以后完成交易的价格，要将这些价格修正为估价日期的价格，已知由于需求旺盛，在此期间的上涨率约为每月2%。计算结果见表4-2。

3. 个别因素修正

楼层高低影响房屋的使用功能，使用的方便性和舒适性，在有电梯装置的情况下，楼层越高，住房的景观越好，故价格也越高。在计算使用面积时，阳台面积折半计算。

房屋的朝向影响室内的通风采光等条件，东南朝向的房屋相对西北朝向的房屋是冬暖夏凉，因此住宅单元1、4、5的价格略低。

住宅单元3、4、5接近地铁车站入口，交通方便；住宅单元4、5背向大路，较为安静，故价格要高一些。

住宅单元2至5是比较新的大厦，维修情况良好，所以价格要高。

个别因素修正的计算见表4-2。

售 价 比 较 表　　　　　　　　　　　　　　　　表4-2

项目编号	待估房地产	1	2	3	4	5
地点	××道53号 ××大厦 3楼乙单元	××道53号 ××大厦 15楼丙单元	××里×号 11楼丁单元	××路×号 第二幢 11楼乙单元	××中心 第一幢 10楼甲单元	××中心 第二幢 24楼甲单元
成交（估价）日期	1993.10.5	1993.11.22	1993.10.18	1994.1.5	1993.11.2	1994.1.10
售价（元）		527500	418000	790000	680000	670000
使用面积（m²）	32.7	32.7	24.8	37.8 ＋阳台2.2	35.5 ＋阳台2.7	35.5 ＋阳台2.7
单价（元/m²）		16131	16855	20256	18453	18182
建造日期	1985	1985	1990	1990	1991	1991
环境	面向××道 向东及南方	面向××道 向东及北方	侧向为大路 向西及南方	侧向为大路 向南及西方 近地铁车站 受噪声影响	背向大路 向北及东方 近地铁入口	背向大路 向北及东方 近地铁入口
时间因素修正初次调整后单价（元/m²）		−2% 15808	— 16855	−4% 19446	−2% 18084	−4% 17455
个体因素修正						
楼层		−5%	−4%	−4%	−4%	−7%
朝向		+2%	—	—	+2%	+2%
环境		—	—	−6%	−8%	−8%
成新		—	−5%	−5%	−6%	−6%
共计调整		−3%	−9%	−15%	−16%	−19%
二次调整后单价（元/m²）		15334	15338	16529	15191	14139

4. 综合修正计算

进行各种修正后，对比组的五个住宅单元的单价从 14139 元到 16529 元，其中有三个住宅单元略大于 15000 元。采用简单算术平均法算出待估住宅单元的估价：

$(15334+15338+16529+15191+14139) \div 5 = 15306$ 元

因此，待估住宅单元，在 1993 年 10 月 5 日的市场价格为：$15300 \times 32.7 \approx 500000$ 元

三、成本估价法

成本估价法是一种以建造房地产所需耗费的各项费用之和为基础，再加上一定的利润和应纳税金等来确定房地产价格的估价方法。

成本估价法的理论依据，从买方的角度看是替代原理，即买方愿意支付的价格不能高于重新建造该房地产所需花费的费用。若该房地产为土地与建筑物合成一体时，买方在确定其价格时总会考虑，若重新购买一块相当的土地现时价格是多少，然后在这块土地上建造相同的建筑物现时费用是多少，将此两者相加即为买价的高限；如果所购买的建筑物是旧的，还要扣减建筑物的折旧额。成本估价法的理论依据，若从卖方的角度看，则是生产费用价值论，即卖方愿意接受的价格不能低于为建该房地产所花费的各项费用，因为低于该费用就要亏本。

采用成本估价法对房地产进行评估的步骤是：首先评估土地的价格，然后加上估价时日该建筑物折旧后的重建成本或重置成本。

土地价格的评估是将土地视为完全没有建筑物的空地，按土地最佳用途予以评估。若将土地开发费用计入土地价格，则应注意此费用不能再计入重建成本或重置成本中，并在估价报告书中加以说明。

重建成本或重置成本的评估，将按下列步骤进行：

（1）估计全部建筑物的重建成本或重置成本；

（2）根据各种因素估算所有的应计折旧总额；

（3）在建筑物的重建成本或重置成本中，减去应计折旧总额，得到折旧后的建筑物价格。折旧后的建筑物价格加上土地的价格，就得到成本估价法所评估的市场价格。

无论使用重建成本还是重置成本估价，均以估价日期为依据，而不是实际建造该建筑物的日期。在用重建成本或重置成本来估计建筑物的成本时，所得结果可能截然不同。重建成本和重置成本的区别在于：重建成本是以原有的建筑材料、施工技术与工艺、建筑式样等重新建造与旧有建筑物完全相同的新建筑物所需的成本；重置成本则是以新型建筑材料、新的施工技术和工艺、新的建筑设计等重新建造与旧有建筑物各项设备相同、具有同等效用的新建筑物所需的成本。一般情况下，对特殊有保护价值的建筑物，采用重建成本为宜，对普通建筑物，由于缺少或不能找到与旧有建筑物相同的建筑材料，或因施工技术与设计的改变，从而对较为陈旧的建筑物进行评估，采用重建成本就显得相当困难，因此采用重置成本为宜。

（一）重建成本或重置成本估计方法

1. 直接成本和间接成本积算法

建筑物的总成本由直接成本和间接成本两部分组成，合理地确定直接成本与间接成本的界限，并正确地作出估算，是确保成本估价法所估算价格正确可靠的关键。

直接成本是指为建造某一建筑物而直接消耗于工程上的费用，如人工、建筑材料等成

本支出。对开发商来说，把承包商的费用和利润也视为直接成本。

因此直接成本包括：

（1）人工费：包括建筑安装工人和辅助生产工人的工资及津贴；

（2）材料和设备费用：包括各种所用建筑材料和设备的购置费和保管费；

（3）施工机械使用费：包括施工机械折旧费、修理费、动力费、以及操作人员的工资等；

（4）承包商的费用与利润：包括管理费、各类保险费、临时设施及施工措施费等。

间接成本是指为组织和管理施工，以及为生产工人服务而发生的费用。有时，间接成本的计算可以直接成本的某个百分比为标准，然后将这个百分比折算为金额。间接成本包括：

（1）拆迁成本，也可以说是开发商的费用；

（2）建筑与工程施工的前期费用：包括规划及为了决定建筑线和坡度所作的测量、环境评估和申请施工许可等费用；

（3）评估、资询和法律等服务费用；

（4）长期的融资费用，包括开发建设贷款及土地成本的利息，以及有关服务费用；

（5）施工期间的保险费和各种有关税收；

（6）房地产销售费用，包括佣金、广告和促销等各项成本；

（7）工程完工到脱售或迁入期间的管理成本；

（8）房地产交易中所有权转移时所需的有关费用。

除了上述直接成本和间接成本外，在建筑物评估时，还必须加上房地产开发经营者的利润。利润一般是直接成本和间接成本总和的某个百分比，可以是经市场市价而估算的开发经营者的合理期望利润。开发经营者的利润多少，会随市场情况而变化，因此，估价人员在估算利润数额时，必须深入了解当时的房地产市场行情。

2. 单位比较法

单位比较法是以类似建筑物每平方米的成本来估算待估房地产的成本，并且依据它们在时间、位置、物理上的差异而予以调整。间接成本可以计入单位成本之中，也可以分别计算。因单位比较法简单而实用，只要将类似建筑物的成本除以楼地面的面积，就能得到每平方米的单位成本，因此普遍地为人们所采用。

但在运用单位比较法时，估价人员对下列几点应加以充分注意：

（1）当两项房地产某些项目的成本相近，而分摊面积不同时，面积较大的，单位成本就低。这是因为各种管线、电梯、门窗和其他项目的成本在比较大的建筑物中，所增加的成本和所增加的面积并不成比例。

（2）有时两幢房屋的建筑面积和其他项目相同，只是墙的周长或墙的高度不同，其单位成本也会不同。例如两幢房屋的建筑面积同为 $10000m^2$，一幢为 $100m\times100m$，另一幢为 $40m\times250m$，前者墙的周长为 $400m$，而后者墙的周长为 $580m$。因此后者建造墙的成本就会高于前者，其单位成本也就较高。

（3）为了使单位比较法得到可靠的结论，估价人员必须以结构相似为基本要求的相似建筑物来计算单位面积的成本，并以建筑物的用材、装修、设备等差异因素进行调整。此外，还要根据建造日期与估价日期之间的成本变动作单位成本的时日调整。

（4）对于特殊的装修项目或设备，应予以分别计算，以便在估价时，可根据这些项目

73

的有无作精确的调整。

3. 分部分项工程成本法

用这种方法，就是通过计算建筑物各主要组成部分的成本，从而估算出建筑物的综合成本。一般建筑工程按分部分项可分为：场地清理、土方工程、基础工程、钢筋混凝土工程、墙体工程、楼地面工程、屋面工程、自动喷淋系统、空调通风、电力照明、门窗和不可预见等项目。将这些项目列表，在表中列入各分部分项工程的折算工程量和单价，各分部分项工程的工程量乘以单价再加总，即得出建筑物的重建成本或重置成本。成本中应包括承包商的管理、利润、税金、保险等费用。应用这种方法时，需要估价人员具有更进一步的建筑知识。

可以看出，上述每一种方法都需要施工、建筑成本和建筑测量实务等方面的知识。建筑材料的质量、价格千变万化，建筑物的设计思想、施工方法都对建筑物的成本和价值发生着重要的影响。所以，要求估价人员在熟悉房地产市场的同时，也要了解建筑市场。

（二）应计折旧的评估

应计折旧是一幢建筑物在估价日期的重建成本与目前该建筑物价格的差额，也即从重建成本中的总扣除额，这个总扣除额是到估价日期时所发生的所有折旧，包括起因于物理、功能与经济的退化等因素。

1. 折旧因素

房地产从建设或取得时开始，就会随着使用而发生效用递减，这种效用递减的现象，在估价上称为折旧。造成折旧的主要原因，通常为物理因素、功能因素和经济因素，这些折旧因素并不是单独作用的，物理的折旧因素会引起功能的折旧，功能的折旧会反映到经济折旧上，三者互为因果关系。计算应计折旧时，由于这些因素所造成的折旧难以分别计算，所以实务上常将三者作为一体来计算折旧额。

（1）物理因素　物理的折旧因素有下列几项：房地产在使用过程中的磨损和损坏；建筑物的自然老化，一般由风雨侵蚀、有害气体影响等原因造成的，通常自然老化程度与建筑物的使用年限成正比；灾害性损坏，这种损坏是由风灾、水灾、火灾或地震等自然灾害造成的。

（2）功能因素　功能因素是指造成房地产使用功能退化的折旧因素，亦即功能的折旧，是因为同类型房地产，由于采用了新设计、新技术等而导致待估房地产变得落后陈旧，造成其相对减价，例如建筑物与基地的配合不适宜、设计不良、样式陈旧、设备不全以及效率降低等都是功能方面的折旧因素。

（3）经济因素　经济因素是指该房地产与其所处的周围环境不协调，即经济不适应性而发生的折旧因素。这些因素主要有：周围或邻近地区的衰退；房地产及其附近环境不适应，如在住宅区的毗邻地区建造了有噪声和粉尘污染的工厂；附近兴建了更富有市场竞争性的同类建筑等。

上述三种因素所造成的房地产折旧评估，有的基于勘估房地产本身的物质状况，有的基于技术进步的情况，也有的则基于房地产周围市场状况的变迁。因此，估价人员要正确估计房地产的应计折旧额，确实是一件很不容易的事情。

一般而言，对于能够修复的折旧部分，其折旧额可以根据所支付的修理费或改造费来测定；如果修复有困难，其折旧额则可以从房地产的收益性或舒适性的减退来加以判断，也可以通过与同样状况的类似房地产价格的比较来确定。

2. 应计折旧的计算方法

在房地产估价上求取应计折旧额的方法，有基于耐用年数的方法和依据观察折旧的方法，原则上应当两者并用。

(1) 直线折旧法 直线折旧法认为建筑物的损耗是均匀的，即在建筑物的耐用期内，每年的折旧额相等。

每年的折旧额可用下式计算

$$D = \frac{C - CR}{N} = \frac{C\ (1-R)}{N} = \frac{C - S}{N}$$

式中　D——每年的折旧额；

　　　C——重建成本；

　　　N——建筑物的耐用年数；

　　　R——建筑物的残值率，是残值与重建成本的比率；

　　　S——估计建筑物的残值。

已经使用了 t 年的建筑物的折旧总额，即 t 年末时累计的折旧额为

$$E_t = D \times t = C\ (1-R)\ \frac{t}{N}$$

建筑物的现值为

$$V = C - E_t = C \left[1 - (1-R)\ \frac{t}{N} \right]$$

(2) 余额递减法　这种方法是用一固定折旧率乘以经过折旧的残余价值。根据这种方法计算，则折旧额在取得房地产的第一年最大，以后逐年递减，所以这是一种提早折旧的方法。

每年折旧额的计算公式为

$$D_i = C\ (1-d)^{i-1} \times d$$

式中　D_i——每年折旧额；

　　　d——折旧率；

　　　i——年序数。

折旧率的计算公式为

$$d = 1 - \sqrt[N]{R} = 1 - \sqrt[N]{\frac{S}{C}}$$

已经使用了 t 年的建筑物的折旧总额，即 t 年末时累计的折旧额为

$$E_t = \sum_{i=1}^{t} D_i = C - C\ (1-d)^t = C\ [1 - (1-d)^t]$$

建筑物的现值为

$$V = C - E_t = C\ (1-d)^t$$

(3) 年数合计法　年数合计法是利用分数的比例计算，其中分子为建筑物剩余使用寿命在当年开始的数字，而分母为全部寿命的年数总和。若用 S_N 来表示这个总和，则

$$S_N = 1 + 2 + 3 + \cdots + N = \frac{N\ (1+N)}{2}$$

每年折旧额按下式计算

$$D_i = \frac{N-(i-1)}{S_N}(C-S)$$

已经使用了 t 年的建筑物的折旧总额为

$$E_t = \frac{t\,[2N-(t-1)]}{2S_N}(C-S)$$

建筑物的现值为

$$V = C - E_t = C - \frac{t\,[2N-(t-1)]}{2S_N}(C-S)$$

（4）偿还基金法　偿还基金法是视同每年储存一定金额，并按一定利率复利计算，使其生息后本利合计额与建筑物耐用年限期满时的总折旧额相等，即等于建筑物的重建成本扣除残余价格的余额。

其每年折旧额的计算公式为

$$D_i = D = \frac{(C-S)\,r}{(1+r)^N-1}$$

已经使用了 t 的建筑物的折旧总额为

$$E_t = D \times t = \frac{(C-S)\,rt}{(1+r)^N-1}$$

式中　r——年利率。

（5）实际观察法

这种方法，不是将折旧的基准直接置于经过年数，而是注重建筑物的实际损耗程度，因为早建的建筑物未必损坏严重，而新近建造的建筑物未必维护良好。因此，这种方法是由估价人员亲临现场，直接观察待估房地产由物理的、功能的及经济的折旧因素所造成的折旧额。

观察法与依据耐用年限的方法相比较，后者过分依赖经过年数，因而不易充分把握个别情况的折旧额，观察法恰好能修正这个缺点。但要使观察法的特色能充分发挥，估价人员需正确把握折旧因素，这就需要具备相当的技术与经验方能胜任。

（三）最后的试算价格

如前所述，成本估价法是首先将土地视为没有建筑物的空地来评估其市场价格，然后再基于重新建造该建筑物所需的重建成本或重置成本减去所有的应计折旧额，从而估算出该建筑物现时市场价格，再与土地的市场价格相加，即得到房地产现时的市场价格。若用公式表示，房地产的最后试算价格应为

$$P = V_B + V_L = C - \sum_{i=1}^{t} D_i + V_L$$

式中　P——最后的试算价格；

　　　V_B——建筑物现时的市场价格；

　　　V_L——土地的市场价格。

在大多数情况下，成本估算法中土地的市场价格，是空地在最佳用途的前提下，根据市场资料，采用市场资料比较法求得。

（四）成本估价法实例

实例三

在 12140m² 的土地上，建有三幢办公楼供出租用，办公楼甲可供出租面积 3498m²，租金为每平方米每月 10.76 美元；办公楼乙可供出租面积为 683m²，租金为每平方米每月 9.15 美元；办公楼丙可供出租面积为 109m²，租金与办公楼乙相同。要求对该房地产作出估价。

通过市场资料比较法，已知地价为每平方米 130 美元。建造办公楼的直接成本为每平方米 860 美元。间接成本包括：出租代理费及广告费 134679 美元；房地产税 33445 美元；开发商利润为直接成本的 15%；律师费及其他 50000 美元。这些办公楼的耐用年限为 40 年，已经使用了 6 年。

该房地产估价计算如下：

土地市场价格为：12140×130＝1578200 美元

建筑物现时的市场价格为：

直接成本 4290×860＝3689400 美元

间接成本

出租代理费及广告费	134679 美元
房地产税	33445 美元
开发商利润	553410 美元
律师费及其他	50000 美元
	771534 美元
	4460934 美元

折旧额 $\frac{1}{40}×6×100\%＝15\%$ 669140 美元

3791794 美元

土地市场价格 1578200 美元

房地产估价为 5369994 美元

因此，这项房地产的估价为 5370000 美元。

计算过程中，办公楼的总面积为三幢面积之和，即 3498＋683＋109＝4290m²；开发商利润为直接成本的 15%，即 15%×3689400＝553410 美元；折旧率总计应为 $\frac{1}{40}×6×100\%＝15\%$，因此折旧额为 15%×4460934＝669140 美元。

实例四

某水泥工厂，在 1980 年建成，其主要建筑有：办公室、仓库、球磨间、地坪房、控制室、水泥装卸间、食堂及宿舍等。建筑面积共计 4000m²；占地面积为 3500m²。工厂设备齐全，保养状况良好，设备名称及制造年份见表 4-3；要求评估该厂在 1994 年 1 月时的价格。

生 产 设 备 表4-3

设 备 名 称	制 造 年 份
煤渣贮藏设备	1980
水泥/煤渣贮藏设备	1981
水泥贮藏设备	1985
钢铁贮藏设备	1986
装卸设备	1985

（1）通过市场资料比较法，按土地最佳、最有效使用，对该厂所占用土地的估价为每

平方米 5000 元。厂房的重建成本为每平方米 2500 元。

(2) 估价：

1) 建筑物

$$4000 \times 2500 = 10000000$$

折旧率共 30%　　　　　　　　　　　　　　　　　　　　　　　7000000

2) 生产设备

设备名称	重置成本	折旧率	
煤渣贮藏设备	6000000	30%	4200000
水泥/煤渣贮藏设备	8000000	30%	5600000
水泥贮藏设备	6000000	20%	4800000
钢铁贮藏设备	1000000	20%	800000
装卸设备	3000000	20%	2400000
		合计	17800000

3) 土地

$$3500 \times 5000$$　　　　　　　　　　　　　　　　　　　　　17500000

总计 42300000

估价 42000000 元

由于该工厂是在 1980 年建成，建筑物及设备已使用多年，要进行折旧。采用直线折旧法，按耐用年限为 40 年，并对保养状况良好作了调整，得出折旧率。

四、收益还原法

收益还原法，是一种利用适当的还原利率，将未来的纯收益折算为现值的估价方法。这种估价方法被广泛应用于收益性房地产的估价。

收益还原法的基本思想可表述如下：由于房地产的耐用期限相当长，因此占用某一房地产，不仅现在能取得一定的纯收益，而且能期待在将来继续取得这个纯收益。这样，房地产的价格就相当于这样一个货币额，如果将这个货币额存入银行，就会源源不断地带来与这个纯收益等量的收入。形象地表示即：某一货币额×利率＝纯收益，当这某一货币额就是这宗房地产的价格时，这一等式可变换为：房地产价格＝纯收益÷利率。

但是，这个等式是在纯收益每年不变，利率每年不变，且无年限限制的前提下的特殊形式。若每年的纯收益和利率有变化，房地产要求的收益率可能高于利率，房地产获得纯收益的年期有限期，则普遍适用的收益还原法的原理应表述为：购买一宗一定使用年限（或只有一定年限的纯收益）的房地产，等于在这个年限内可以在每年源源不断地获取纯收益，那么求取与源源不断的年纯收益的现值之和相等的货币额，此货币额即为该房地产的价格。

收益价值可以分为实际收益价值和客观收益价值。实际收益价值是在现状下实际取得的收益；客观收益价值是将实际收益价值中属于特殊的、偶然的要素加以排除后所得的一般性正常价值。实际收益价值不能用于客观价值评估，因为个人的经营能力等对实际收益有很大影响，所以如果以实际收益为基础进行估价计算，则无异于将人为因素渗入到房地产价格中，这显然是不合理的。

收益还原法是有理论为依据的估价方法。市场资料比较法，是与类似房地产的交易实例比较，以求得待估房地产的价格，是根据价格求价格，并没有说明价格的根据。成本估价法，不仅说明价格多少，而且从费用方面说明价格的形成原因，所以此法有一定的理论基础，但成本估价法的运用受到一定的限制，它对于具有再生可能的建筑物、构筑物等的估价，是较有效的方法，但对于不可再生的一般土地，原则上不能应用。收益还原法不仅能说明价格多少，还能说明其根据，适用面也较广，所以是最有用的估价方法。但是，收益还原法只适用于有收益或有潜在收益的房地产，对于政府机关、学校、公园等公用房地产的估价大多不适用。而且，收益性房地产的稳定的纯收益和适当的还原利率的求取，要受到一般的经济行情和工商业以及房地产市场发展、变化的影响，要确定也是一件非常困难的事，这是这种方法的短处。

运用收益还原法评估房地产的价格时，通常第一步是求取总收益，其次是计算总费用，然后由总收益减去总费用得到纯收益，再决定还原利率，最后运用具体的计算公式计算，即可求得估价额。

（一）收益还原法的计算公式

运用收益还原法对房地产进行评估时，要根据纯收益的持续性和变化情况，以及还原利率的变化情况等因素，选取适用的计算公式。

1. 年期无限且各种因素不变

$$P = \frac{a}{r}$$

式中　P——房地产的价格；

　　　a——房地产的年纯收益；

　　　r——还原利率。

2. 有限年期且各种因素不变

$$P = \frac{a}{r}\left[1 - \frac{1}{(1+r)^n}\right]$$

式中　P，a，r——含义同前；

　　　n——使用房地产的年期或仅有收益的年期。

3. 纯收益在前若干年有变化

这也可分为两种情况，一是年期无限，二是年期有限。

（1）年期无限

$$P = \sum_{i=1}^{t} \frac{a_i}{(1+r)^i} + \frac{a}{r(1+r)^t}$$

式中　P，a，r——含义同前；

　　　a_i——第 i 年的纯收益；

　　　t——纯收益有变化的年限。

（2）有限年期

$$P = \sum_{i=1}^{t} \frac{a_i}{(1+r)^i} + \frac{a}{r(1+r)^t}\left[1 - \frac{1}{(1+r)^{n-t}}\right]$$

式中　P、a，r，a_i，t，n 含义同前。

（二）求取纯收益

纯收益是指归属于房地产的适当收益。这种收益是以收益为目的的房地产及与此有关的设施、劳力及经营等所产生的总收益，扣除资本、劳力和经营等所发生的费用后剩余的收益。纯收益一般以年为计算单位，由总收益扣除总费用而求得。以收益为目的而出租的房地产，其纯收益是租赁收入扣除管理费、税收、保险费和维修费等项费用的余额。

房地产估价，原则上是要求取正常价格，收益价格的计算是求取正常价格的手段，所以收益价格的计算，原则上应将其置于客观化的纯收益基础上。因此，计算客观的收益价格，应当规定标准总收益与标准总费用的原则，根据这项原则分析检查实际总收益与费用，然后确定标准纯收益。

1. 总收益

作为客观收益价格基础的标准总收益，应具备以下几个条件：

(1) 应有具备良好意识与正常使用能力的人使用所能发生的收益。即房地产所有人，根据通常的利用方法所能获得的标准收益。由特定的人，依靠特殊的技能所产生的特别收益，不能视为客观收益。

(2) 收益必须能持续且有规则地产生。如房屋租金应于每月末支付，这是最有规则的收益，它在租赁期内，也必然是能持续的。不规则的收益，应换算为一定的平均年收益。短期租赁契约的租金和已达到或即将达到耐用年限的建筑物的房租收入，不能作为标准收益。

(3) 应为安全确实的收益。收益必须是以现在的收益为基础，参考过去的情况，考虑将来的趋势，同时与类似房地产的实际情况及今后的变化趋势作比较，然后才能确定标准总收益，而且要求这种标准总收益必须是安全确实的。如果将来的经营潜伏某种风险，或因某种情况而能确实预测将来收益有减少趋势时，就不能直接以现在的收益为基础来计算将来的收益。在这种情况下，就需要在现有租金的基础上作相应的减价。如果不能确实预测将来租金的上涨，仅以预想的收益增加额计入现在的收益中，也是不妥当的。

2. 总费用

应从总收益中扣除的总费用，是经营上直接必要的劳动与资本费用。换句话说，标准总费用，通常是以正常经营所持续支付且直接必要的费用为限。对那些不符合这一条件的费用，不应计入。

(1) 土地租赁的标准总费用

1) 税收。以直接归属于土地的税收负担部分为限。如土地税、土地使用费等；

2) 管理费。指土地管理人员的工资及其他费用，为了计算方便，通常以年地租额的百分比计取，也可以按实际发生的管理费按年累计计算；

3) 维修费。指土地围护设施、地下管线、道路等土地改良物的修缮费用。

(2) 房屋租赁的标准总费用

1) 税收。指房产税和土地税等；

2) 管理费。是付给管理人员的费用，出租房屋者为收取租金及处理日常事务，通常要雇用管理人员。不同类型的房屋，其计取的管理费用也相异，如旅馆的管理费用往往要比住宅的高；管理服务项目多且优的房地产，其管理费肯定也比较高。管理费一般是在参照经验数据的基础上，按年房租额的比率计取。

3) 修缮费。指为维护建筑物的正常使用功能而每年需支付的日常小修费用，大修费用应从提成的房屋折旧额中支付。修缮费随建筑物的构造、大小、使用条件而异。修缮费既可把若干年中实际发生额的现值加总，然后按统计年份平摊来计算；也可以在参照经验数据的基础上，按建筑物价格的一定比率计取。

4）保险费。主要为火灾保险，其保险费率随建筑物的构造及所在地而异。保险费应当以建筑物的正常价格为标准所定的保险费率计算，不应将实际发生的保险费直接扣除，因为有很多投保额超过建筑物正常价格的情形。

5）空置损失费。在正常经营条件下，一般都存在一定数量的空置房，如租户迁出与迁入间的空置。空置率一般为3％～5％比较适当。此外，承租人如果不付房租，也会造成出租人的损失，所以应当计算这种风险承担额，可以根据经验，按房租的一定比率予以扣除。

总之，标准总费用的确定，应以现实的费用为基础，参照过去的经验数据，考虑到将来的情况变化，并与其他类似房地产的经营费用比较对照，最终求得标准总费用值。

（三）确定还原利率

还原利率是房地产收益价格计算中最敏感的因素。当房地产纯收益一定时，还原利率只要相差一个百分点，其收益价格就会发生较大的变化，确定适当的还原利率，不仅重要，而且困难。

确定还原利率一般可依据：历年银行存款利率和物价指数的统计资料；国家债券与公司债券的利率；历年工商企业的年均获利率；国家公布的经济增长统计资料；房地产租赁与销售价格等。

1. 还原利率的种类

运用收益还原法评估房地产的价格，由于评估的对象不同，应当采用的还原利率并不相同。客观上，房地产投资风险的大小与其还原利率的高低，存在着正向变动的相互关系。即对投资风险大的房地产，其还原利率就高；反之，其还原利率就低，一般认为，购买土地的投资风险小，所以土地的还原利率比较低，甚至可以低于银行存款利率；至于建筑物，由于它可能遭到自然灾害和人为因素等影响而造成损害，所以对建筑物的投资风险要比土地大，其还原利率应比较高。由此需要区分还原利率的类型。

（1）综合还原利率，是求取土地与其上的建筑物合为一体的价格时，所应使用的还原利率，这时对应的纯收益是土地及建筑物合为一体所产生的纯收益。也就是说，如果运用收益还原法评估的是土地及建筑物合为一体的价格，那么所使用的纯收益必须是土地及建筑物合为一体所产生的纯收益；同时，所选用的还原利率必须是土地及建筑物合为一体的还原利率，即综合还原利率。

综合还原利率的计算，是根据房地产中土地价格与建筑物价格的构成比率，再按此比率将个别还原利率加权平均，所得结果即为综合还原利率，其计算公式如下

$$r = \frac{r_L P_L + r_B P_B}{P_L + P_B}$$

式中　r——综合还原利率；

r_L——土地的个别还原利率；

r_B——建筑物的个别还原利率；

P_L——土地价格；

P_B——建筑物价格。

（2）建筑物还原利率，是求取单纯建筑物的价格时，所应使用的还原利率。这时对应的纯收益仅是建筑物所产生的纯收益，不包括土地产生的纯收益。同样，在仅求取建筑物

的价格时，选用的若不是建筑物的还原利率，而是综合还原利率或土地还原利率，求出来的价格也就不是建筑物的实际价格。

（3）土地还原利率，是求取单纯土地的价格时，所应使用的还原利率。同样，对应的纯收益，必须是所要评估的土地所产生的纯收益。

综合还原利率、建筑物还原利率和土地还原利率，三者虽是严格区分，但又是相互联系的。已知其中两个还原利率，便可求出另外一个还原利率。

2. 求取还原利率的方法

不同用途、不同性质、不同地区、不同时间的房地产，由于其投资的风险不同，还原利率是不尽相同的。因此，在房地产估价中并不存在一个统一不变的还原利率。为此介绍几种易行的求取还原利率的方法。

（1）利用收益还原法公式，通过收集市场上相同或相类似房地产的纯利益、价格等资料，反求出还原利率的对比选择法。具体方法是：若要求取某一房地产的还原利率，可以在市场上抽取与待估房地产具有相似特点的房地产的纯收益与价格的比率作为依据，为了避免偶然性，最好抽取四宗以上房地产，交易是在最近发生的，而且在各种条件都与待估房地产相似的交易实例，求其还原利率的平均值。

（2）通过安全利率加上风险调整值的方法来求取还原利率的加总法。这种方法是先找出安全利率，所谓安全利率就是无风险的资本投资的收益率，可以选用国家债券的利率或银行的定期存款利率作为安全利率。在安全利率的基础上，根据影响待估房地产的社会经济环境等因素，确定在此基础上的风险调整值。即还原利率等于安全利率加风险调整值。

（3）根据经营者希望获得的资本投资的收益率来求取还原利率的投资组合法。有收益房地产的经营者，在购买此房地产时，自己只投入少量资金，其余通过抵押贷款解决。对自己投入的资金，经营者会要求一定的收益率，综合考虑了贷款利率和经营者的收益率后，即可求得还原利率。其计算公式为

$$r = \sum_{i=1}^{n} m_i r_i + \left(1 - \sum_{i=1}^{n} m_i\right) r_0$$

式中　　r——还原利率；

n——贷款次数；

m_i——每次贷款占售价的百分比；

r_i——每次贷款的利率；

r_0——自有资金收益率。

举例如下：

若用抵押贷款购买一处房地产，经营者只投入了售价20％的现金，并希望能得到25％的收益率；抵押贷款由两家银行提供，第一抵押为售价的60％，年利率8％；第二抵押为售价的20％，年利率10％。则：

贷款（投资）百分比		利率（收益率）		与售价相比的利润率
第一抵押	60％	×	8％	=	4.8％
第二抵押	20％	×	10％	=	2.0％
投入现金	20％	×	25％	=	5.0％

还原利率为　11.8％

因此，运用收益还原法评估房地产的价格时，估价人员必须得到待估房地产的出租计划及出租率资料，通过类似房地产现在和过去几年中的出租率、每年的总收益和租赁市场今后的趋势，才能估算出待估房地产能产生的总收益；估价人员必须得到待估房地产的支付资料，诸如房地产税、管理费、修缮费及保险费等，这些费用也可以通过类似房地产实例获得，同时也要确定这些费用今后的变化趋势，以求取待估房地产的总费用；估价人员必须能选定还原利率；必要时，估价人员要测定待估房地产的耐用年限，以确定其能有收益的期限。

（四）收益还原法实例

实例五

利用实例三所提供的资料和数据计算如下：

1. 年纯收益

（1）年总收益

租金收入	$3498 \times 10.76 \times 12$	451662 美元
	792×9.15	86962 美元
		538624 美元
其他收入（管理费、洗衣房、游泳池等）		227533 美元
		766157 美元
		38308 美元
空置率 5%		727849 美元

（2）年总费用

项目	美元/m²	合计（美元）
清洁费	7.53	32304
水电空调费	19.91	85414
电梯费	2.15	9224
门卫	3.77	16173
行政开支	5.06	21707
维修费	3.77	16173
保险费	2.69	11540
房地产税	13.24	56800

年纯收益为

249335 美元
478514 美元

2. 还原利率

选择了四个比较实例及其相关资料列于表 4-4 中。

采用简单算术平均值法求得还原利率为：

$$(9.1\% + 9.0\% + 8.9\% + 9.0\%) \div 4 = 9.0\%$$

比较实例相关资料			表 4-4
实例编号	纯收益（美元/年）	交易价格（美元）	还原利率（%）
1	120000	1320000	9.1
2	230000	2550000	9.0
3	600000	6740000	8.9
4	320000	3550000	9.0

3. 估价

代入计算式

$$P=\frac{a}{r}=\frac{478514}{9\%}=5316822 \text{ 美元}$$

故此房地产的估价为 5320000 美元。

实例三和实例五是对同一处房地产进行评估，采用了不同的估价方法，其结果很接近，可利用简单算术平均或加权算术平均等方法算出正确结果。通常估价人员评估房地产得到的估价，允许有±10%的误差。

上面讲述了三种对房地产估价的基本方法，估价人员应该尽可能地利用所有这三种方法对待估房地产作出估价，这样可以互相校核所作估价的准确程度。

第二节　各国（地区）房地产估价方法的特点

一、房地产估价原则的特点

由于各国（地区）在房地产方面实行的制度和政策不同，所列举的原则内容和数量并不完全一致，甚至在同一国家内，也不一致，即使所述内容相同的原则，其名称也不很统一。

美国房地产估价师协会出版的《房地产估价》一书，列举了 10 项房地产价格的基本原则：供求原则；变动原则；替代原则；最有效使用原则；均衡原则；收益递增递减原则；贡献原则；适合原则；竞争原则和预测原则。

美国加州房地产管理部门出版的《加州不动产指南》一书中列举的 11 项房地产价格的基本原则略有不同：供求原则；变动原则；替代原则；最有效使用原则；均衡原则；收益递增递减原则；贡献原则；适合原则；回归原则；累进原则；预测原则。

日本的房地产鉴定评价基准，在美国房地产估价师协会所列举的 10 项基本原则基础上，增加了收益分配原则。

台湾柯博义先生编译的《不动产估价——理论与实务》一书列举的"不动产价格之基本原则"与美国房地产估价师协会所列举者相同。台湾林英彦先生编著的《不动产估价》一书列举的"形成不动产价格之各项原则"则与日本房地产鉴定评价基准所列举者相同。

据上所述，对形成房地产价格的原则大同小异，其基本内容可归纳如下：

（一）供求原则

房地产价格形成受供求原则的影响。供给变化与房地产价格成反比，即房地产供给增加，房地产价格降低，供给减少，房地产价格升高。需求变化与房地产价格成正比，即房地产需求增加，房地产价格上升，需求减少，房地产价格下降。房地产稀缺影响供给；购买欲望影响需求，但购买欲望必须有购买能力的支持。

（二）变动原则

房地产价格不是静态的，也就是说房地产价格随时变动，不可能静止于一点。因此，估价人员更应该注重将来的发展，确定待估房地产所处的环境处于循环周期的哪个阶段：发展、静止还是衰退。

（三）替代原则

房地产价格受替代原则的约束、亦即效用相同且有替代可能的房地产之间，其价格也应相近；其价格不会超过能重新建造、有替代可能的房地产的重建成本。

（四）最有效使用原则

房地产价格形成以最有效使用原则为基础，即房地产价格是以该房地产在最有效使用情况下所形成的价格。所谓最有效使用，是指在正常状况下一般有使用能力者作出的合理合法的最佳用途。这可以用收益来衡量，也可以用使 环境更为舒适来衡量。如在城市中的一片林地，它的最有效使用是辟为公园。在美国，非常强调这条原则。

（五）均衡原则

房地产价格形成须符合均衡原则。房地产价格受土地、资本、劳动力和经营四项生产要素的组合所影响。这是所谓的资本，是指对建筑物及其设备的投资额，当这些生产要素配合适当、均衡时，房地产的效用便能高度发挥。换言之，生产要素的供给过剩或不足，便会引起不利现象。以住宅为例，建筑物与基地比较，显得过大或过小，则土地与建筑物均衡受到破坏，该房地产的效用便不能发挥。

（六）收益递增递减原则

房地产价格形成受收益递增递减原则的限制。它是指增加生产要素的投资量时，收益随之增加，但在达到某一数值后，再追加投资，其收益不再与追加投资成比例增加。如在建设高层大厦时，超过某一层数后，收益就很难成比例增加，所以收益在达到最高点的层数，在经济上是最有利的，为了确定这一点，必须就不同高度的建筑物的必要的资本、预计收入、经营支出等加以组合作假定性计算，找出总收益上升和下降的转折点，即边际使用点。

（七）贡献原则

这项原则是指房地产某部分的改善，对该房地产整体收益作出贡献，这是部分与整体之间的关系，如某建筑物增建电梯使收益增加，如果增加的收益超过增加的管理费用、投于电梯设备的资本利息及折旧部分的合计，则增建该电梯使该建筑物收益增加，为此建筑物作出了贡献。

（八）适合原则

房地产的使用必须与其周围环境协调一致，密切配合。因为房地产若能与其周围环境相适应，则该房地产的收益性或舒适性能最大限度地发挥，相应地其价格也高。

（九）竞争原则

房地产价格形成是竞争的结果，凡能产生超额利润的房地产，其竞争必然激烈，其价格必高。但超额利润会因土地的需求增加，土地价格上涨而抵消。替代性比较大的房地产，如住宅地，竞争过于激烈，则需方可转向他处，所以价格上涨就不如商业用地来得高。

（十）预测原则

预测房地产未来的变动，以估定其价格。即估价通常基于对未来的期望，所以重点在于将来所能获得的收益，但这种预测又必然要以过去的收益为基础。

（十一）收益分配原则

由土地、资本、劳动力和经营等生产要素组合而产生的收益，应该由各要素分配。按照法律和常规，首先分配给劳动力；其次分配给经营，以支付经营费用，诸如公用设施、维修、税收、保险等；剩余的归属于资本和土地，土地是最后分得收益的要素，这项收益实际上就是土地的地租。这项原则按美国的分项法，归并在均衡原则中，不单独作为一个原则列出。

（十二）回归原则和累进原则

回归原则是指当待估房地产与周围现有的房地产不一样，则待估房地产的价格会受到这些低价房地产的不利影响，使这项较好的待估房地产的价格，趋向于与低价房地产的价格接近。累进原则则恰好与回归原则相反，周围房地产的价格较高，则一幢价格较低的房地产在评估时，其价格会提高到接近周围房地产价格的等级。

台湾庄孟翰先生的《不动产估价》中只列举了八条"不动产估价之原则"：供需原则；变动原则；替代原则；贡献原则；收益分配原则；最有效利用原则；预测原则和适法原则。台湾陈满雄先生编著的《不动产估价理论与实务》一书列举的"不动产估价基本原则"则有较大的不同，只有七项：公平原则；相关、替代原则；独立估价原则；适法原则；勘估时日原则；土地、建筑物分离估价原则；最高度、最有利的使用原则。其内容摘要如下：

（一）公平原则

估价作业制定繁杂的手续，其目的在于求取一公平、合理的市场价值，以便评估一宗标的物。估价师必须具有委托者的双眼，本着其专业知识，提供公平的市场价值供其参考。估价师在评估作业上必须谨慎小心地处理，如同估介师本人支付价款去购买。公平原则的目标还须估价师具有专门技术及严谨的作业流程。

（二）相关、替代原则

评估一宗标的物，绝对难查得各种条件完全一致的查证标的物作为评估的依据。而且估价作业上亦绝不允许一个查证标的物作为唯一的估价依据，因此更加重了查证的困难。每个查证标的物必须以具备较大的相关性与替代性为最高原则，以增加勘估作业产生一个正确、可靠的结果。

（三）独立估价原则

勘估作业过程中，对于勘估标的物个别条件的分析，以勘估标的物作独立的分析研判。即勘估标的物主观条件上，毗连的非勘估标的物不予考虑。

（四）适法原则

土地估价作业应以有关法令为依据，再以地方市场习惯为之。如民法、土地法、建筑法、都市计划法、区域计划法、土地登记规则、土地建筑改良物估价规则、平均地权条例、土地税法等。估价师必须熟悉法令，在日常工作中并需注意有关法令的变动。并表现在估价报告上。

（五）勘估时日原则

不动产市场是变动的，勘估一宗不动产必须假定市场情况停止于某时日，这个时日一般指勘估日期。或于勘估日期的前期因特殊需要所指定的日期。至于勘估日期以后的价值推算，属于一种预估性质，可供不动产业界决策参考，因为这种估价必须先假定多种因素不变动情况下进行，仅具有参考价值。

（六）土地、建筑物分离估价原则

土地与建筑物必须分离估价，其主要原因是：

（1）土地与建筑物的课税基础不同；

（2）土地、建筑物合并估价容易造成误差；

（3）土地、建筑物性质各异，土地具有永续性，建筑物均有一定的使用年限。

（七）最高度、最有利的使用原则

勘估标的物应以最高度、最有利的使用，作为建立标准依据。如基地可营建比率及容积率法令，一般规定其允许最高率，应以此作为估价依据。

二、在运用估价方法上的特点

（一）对应计折旧的规定

每年应计折旧额的计算方法已在本章第一节中讲述。此类计算方法很多，如：

（1）罗斯法，这是德国人罗斯（F. S. Ross）所创立的折旧方法，这个方法的特点是认为建筑物价值的减少，每年并不相同，而是逐年增加。罗斯将建筑的全部耐用年限分为相等的五期，并假定第一期的折旧额为平均折旧额的 3/5，第二期为 4/5，第三期为 5/5，第四期为 6/5，第五期为 7/5。再将每期的折旧额除以每期中的年数。即得每年的折旧额。

（2）亚瑟法，美国木结构较多，美国人亚瑟（W. Arthur）认为，建筑十分优良的木造住宅，其经济的耐用年限推定为 40 年，其折旧率在最初的 25 年间，每年为 1.65%，次 10 年间为 1.65%～3.3%，最后 5 年间为 7%。

但是，估价人员不是完全可以随心所欲地任意选用上面讲述的各种应计折旧的计算方法，因为评估的目的各异，有的是为了课税的目的，事先对房地产的价格进行评估，方能据此计算课税额；有的是为了筹措抵押贷款，金融机构为了确保自身的安全，必然要评估合理正确的房地产价格；有的是在企业合并时，对并入企业的资产估值；有的是为作为赔偿的被没收房地产进行估价等。折旧额的大小会影响到受益人的利益，因此有些国家对应计折旧额的计算作了一些规定。

以美国为例，首先是规定了各类房地产的耐用年限，其次是规定了应使用的计算方法。表 4-5 中列举了各类房地产的耐用年限。

各类房地产的耐用年限   表 4-5

建筑物类型	联邦标准认可的年数	税收程序认可的年数	法院认可的年数
各种公寓	50	40	33
银行	67	50	40
住宅	60	45	20
工厂	50	45	30
农村建筑	60	25	20
车库	60	45	$33\frac{1}{3}$
谷物加工贮藏间	75	60	25

建筑物类型	联邦标准认可的年数	税收程序认可的年数	法院认可的年数
旅馆	50	40	30
统仓	67	50	$33\frac{1}{3}$
机械加工车间	60	45	50
商店	67	50	25
剧院	50	40	25
仓库	75	60	40

对于应计折旧的计算方法，主要为：

(1) 直线折旧法。

(2) 余额递减法，它与前节讲述的余额递减法略有不同，也采用固定的折旧率，但此折旧率是以直线折旧法所计算的折旧率为基础，再加适当的倍数。用这样计算得出的折旧率乘以经过折旧的残余价值，得出每年的折旧额，所以也是加速折旧的方法。根据所加的倍数，又可分为：150%余额递减和200%余额递减。

150%余额递减是采用直线折旧法求得的折旧率的1.5倍作为折旧率，即第一年的折旧额较直线折旧法计算的折旧额多50%，因为帐面净值递减，所以折旧额也递减，越往后会比直线折旧法求得的折旧额越来越小。200%余额递减的计算方法与此相同，允许其折旧率为直线折旧法求得的折旧率的2倍。

如有一幢价值20万美元的房屋，用150%余额递减折旧，其耐用年限为40年。首先算出用直线折旧法计算的年折旧率：1/40＝2.5%，1.5×2.5%＝3.75%，即每年的折旧率应为3.75%。然后用此固定的折旧率算出每年的折旧额。

第一年的折旧额为

$$3.75\% \times 200000 = 7500 \text{ 美元}$$

第二年的折旧额为

$$3.75\% \times (200000 - 7500) = 7219 \text{ 美元}$$

其余类推

表4-6对折旧进度进行比较。

折 旧 进 度 表 表 4-6

年	直线折旧法		150%余额递减法		200%余额递减法	
	年折旧率 (%)	累计折旧率 (%)	年折旧率 (%)	累计折旧率 (%)	年折旧率 (%)	累计折旧率 (%)
1	4.0	4.0	6.0	6.0	8.0	8.0
2	4.0	8.0	5.6	11.6	7.4	15.4
3	4.0	12.0	5.3	16.9	6.8	22.2
4	4.0	16.0	5.0	21.9	6.2	28.4
5	4.0	20.0	4.7	26.6	5.7	34.1

年	直线折旧法		150％余额递减法		200％余额递减法	
	年折旧率(%)	累计折旧率(%)	年折旧率(%)	累计折旧率(%)	年折旧率(%)	累计折旧率(%)
6	4.0	24.0	4.4	31.0	5.3	39.4
7	4.0	28.0	4.1	35.1	4.9	44.3
8	4.0	32.0	3.9	39.0	4.5	48.8
9	4.0	36.0	3.7	42.7	4.1	52.9
10	4.0	40.0	3.4	46.1	3.8	56.7
11	4.0	44.0	3.2	49.3	3.5	60.2
12	4.0	48.0	3.0	52.3	3.2	63.4
13	4.0	52.0	2.9	55.2	2.9	66.3
14	4.0	56.0	2.7	57.9	2.7	69.0
15	4.0	60.0	2.5	60.4	2.5	71.5
16	4.0	64.0	2.4	62.8	2.3	73.8
17	4.0	68.0	2.2	65.0	2.1	75.9
18	4.0	72.0	2.1	67.1	1.9	77.8
19	4.0	76.0	2.0	69.1	1.8	79.6
20	4.0	80.0	1.9	71.0	1.6	81.2
21	4.0	84.0	1.7	72.7	1.4	82.6
22	4.0	88.0	1.6	74.3	1.4	84.0
23	4.0	92.0	1.5	75.8	1.3	85.3
24	4.0	96.0	1.5	77.3	1.2	86.5
25	4.0	100.0	1.4	78.7	1.1	87.6

表中，假定建筑物的耐用年限为 25 年。采用余额递减，前些年的折旧额大，后几年的折旧额比直线折旧法少得多。这是因为它是根据每年的帐面净值计算出来的。

根据美国联邦所得税法，对房地产规定的折旧方法，取决于建筑物的类别：新的出租住宅可以采用 200％余额递减法折旧；耐用寿命在 20 年以上的旧住宅可按 125％余额递减法折旧；所有其他类的新房产（办公楼、商业中心等）则用 150％余额折旧法折旧。

（3）加速折旧法，允许用比耐用年限短的年限来分摊折旧额，因此每年的折旧费用会比较高。在美国，折旧分摊年限受经济情况影响经常变动，同样的建筑物，因购买时间不同，所计算的年折旧费用，很可能有较大的差别。建筑物的折旧年限，又因住宅或商业用房而异：出租住宅，按规定可用 27.5 年来计算；出租商业用房则必须以 31.5 年来计算。

在 1987 年 1 月 1 日以后购买的住宅，适用于 27.5 年加速折旧，其折旧率见表 4-7。

住宅加速折旧率（%）　　　　　　　　　　表 4-7

年度＼购买月份	1	2	3	4	5	6	7	8	9	10	11	12
1	3.485	3.182	2.879	2.576	2.273	1.970	1.667	1.364	1.061	0.758	0.455	0.152
2~27	3.636	3.636	3.636	3.636	3.636	3.636	3.636	3.636	3.636	3.636	3.636	3.636
28	1.979	2.282	2.585	2.888	3.191	3.494	3.636	3.636	3.636	3.636	3.636	3.636
29	0	0	0	0	0	0.161	0.464	0.767	1.070	1.373	1.676	

在 1987 年 1 月 1 日以后购买的商业用房，适用于 31.5 年加速折旧，其折旧率见表 4-8。

商业用房加速折旧率（%）　　　　　　　　表 4-8

年度＼购买月份	1	2	3	4	5	6	7	8	9	10	11	12
1	3.042	2.778	2.513	2.249	1.984	1.720	1.455	1.190	0.926	0.661	0.397	0.132
2~31	3.175	3.175	3.175	3.175	3.175	3.175	3.175	3.175	3.175	3.175	3.175	3.175
32	1.708	1.972	2.237	2.501	2.766	3.030	3.175	3.175	3.175	3.175	3.175	3.175
33	0	0	0	0	0	0.120	0.385	0.649	0.914	1.178	1.443	

例如，某人在 1990 年 3 月 31 日购买一幢价值 350000 美元的出租住宅，其中房价 250000 美元，地价 100000 美元。当年的折旧费用必须从 3 月 15 日开始计算，计算如下

第一年折旧费为

2.879% × 50000 = 7197.5 美元

此后每年折旧费为

3.636% × 250000 = 9090 美元

最后一年的折旧费为

2.585% × 250000 = 6462.5 美元

（二）年纯收益的计算

年纯收益取决于年总收益与年总费用，总收益的计算又取决于租约类型，由于租约种类很多，就使得总收益的计算十分繁琐。而且，往往在同一幢建筑物内，如超级市场、商业中心等，就可以用多种租约形式，使得每年的总收益和总费用都不能固定不变。

在美国租约种类有下列几种：

（1）固定租约，这种租约的租金是固定的，在租赁期内，租金固定不变，按期支付，一般为每月支付一次，每期租金相同。大多数住宅或公寓等居住单位采用此种租赁方式。

（2）渐增租约，这种租约的租金在开始一段时间内可以是固定的，此后就根据双方在签约时同意的条件增加租金，增长额可以随物价指数变动，或按时间段落增加百分比变动。这种租约常用于小型商业店铺。

（3）百分比租约，租金根据承租人的营业毛收益的百分比计算，通常有最低租金额的规定，营业额未达到某种状态时，则按最低额付租；营业额超过此一标准时，则按毛收入的百分比支付租金。这样能使具有商业地段价值的产业能符合其经济地租，但租金总收益就会受营业额的影响。这种租约通常用于超级市场、购物中心等。

（4）毛租约，它是固定租约的一种，承租人按期付给租金，所有发生的费用，如税收、保险费和维修费等，以及公用设施费用，均由出租人支付。

(5) 净租约，这种租约要求承租人不但要付租金，还要支付各种费用，包括在毛租约中列出者，出租人得到的租金是纯收益。常用于办公楼、商业或工业房地产的长期租约和土地租约。

其他不影响租金收入的租约形式不再列出，从上面的租约形式看，不同的租约其收入和支出都不尽相同，也影响着纯收益。此外，一些国家为了维护承租人的利益，防止出租人任意哄抬租金，对租赁实行管制。

在美国一些大城市，如旧金山、洛杉矶、纽约等城市，政府规定每年房租增涨不能超过原租金的7%～8%或10%不等。如增加的租金希望超过此规定标准，必须先向租金管理局申请批准。

香港规定每两年只能加租一次，其幅度为：现时租金的30%为最高加租额；或以公平市值租金减现时租金再除以2的得数为最高加租额；以何者低为准。

由于每年的纯收益不等，因此运用收益还原法的计算公式为

$$P = \frac{a_1}{(1+r)} + \frac{a_2}{(1+r)^2} + \frac{a_3}{(1+r)^3} + \cdots + \frac{a_n}{(1+r)^n} = \sum_{i=1}^{n} \frac{a_i}{(1+r)^i}$$

式中　P、r、n——含义同前；

a_i——第 i 年的纯收益（i=1、2、3……n）。

当纯收益按等差级数递增时，其计算公式如下

(1) 无限年期

$$P = \frac{a}{r} + \frac{b}{r^2}$$

式中　P、a、r——含义同前；

b——纯收益逐年递增的数额，如纯收益第一年为 a，则第二年为 $a+b$，第三年为 $a+2b$，第 n 年为 $a+(n-1)b$。

(2) 有限年期

$$P = \left(\frac{a}{r} + \frac{b}{r^2}\right)\left[1 - \frac{1}{(1+r)^n}\right] - \frac{b}{r} \times \frac{n}{(1+r)^n}$$

式中　P、a、r、b、n——含义同前。

当纯收益按一定比率递增时，其计算公式如下

(1) 无限年期

$$P = \frac{a}{r-s}$$

式中　P、a、r——含义同前；

s 表示纯收益逐年递增的比率，如纯收益第一年为 a，则第二年为 $a(1+s)$，第三年为 $a(1+s)^2$，第 n 年为 $a(1+s)^{n-1}$。

(2) 有限年期

$$P = \frac{a}{r-s}\left[1 - \left(\frac{1+s}{1+r}\right)^n\right]$$

式中　P、a、r、s、n——含义同前。

（三）还原利率的求取

还原利率随房地产的种类不同而异，对投资风险大的房地产，其还原利率高；反之，风

险越小，还原利率越低。因此，还原利率的求取也很困难，学术界对此持有种种观点。

日本杉本正幸在其所著《不动产价格论》一书中，很好地总结了以往关于决定还原利率的种种学说主张，主要归纳为：①采用地方的一般利率；②采用地方的习惯利率；③采用地方的土地利率；④采用普通一般利率；⑤采用长期投资的收益率；⑥采用相当于抵押贷款利率与剩余贷款利率的复合利率；⑦采用相当于纯粹利息与风险贴补金的复合利率。

台湾林英彦教授在评判上述学说主张后，提出一套关于决定还原利率的理论和方法。他提出，收益还原法中的还原利率应采用实质利率。所谓实质利率，是以银行一年期定期存款利率为基础，并用物价指数调整后，再扣除一成的所得税，得到的利率即为实质利率。据此作为还原利率。其计算公式为

$$实质利率 = \frac{一年期定期存款利率}{物价指数} \times （1-10\%）$$

林教授实质利率学说的理论基础是：通常的利率是由纯粹的利息（即暂时牺牲货币使用所应得到的报酬率）、风险补贴率、货币贬值率三者所构成。就纯粹的利息而言，应当是每个单位货币都相等的，但为什么将资金存入银行和将其投入民间放高利贷，两者的利率差别很大，其根本原因就是由于两者所承担的风险不同。银行存款风险小，所以利率也低；放高利贷因风险大，所以利率高。可见利率与风险的大小有正比关系，也就是说风险大者，除了纯粹的利息外，还要加上相当大的风险补贴率。另外，货币长期不使用，会产生贬值，所以长期存款利率要大于短期存款利率。了解这种利率的构成要素，则不难求得适当的还原利率。就土地而言，在正常情况下，投资购买土地最安全，不会有任何风险，也没有贬值的危险，投资购置土地往往还会得到增值的利益，所以土地的还原利率即可取实质利率。至于建筑物，由于可能遭到地震、台风、水灾、火灾等损害，而且本身也会折旧，或者可能由于某种原因遭到拆除，所以对建筑物的投资，比对土地投资的风险大，因此建筑物的还原利率应当大于土地的还原利率。但建筑物所能遭受到的各种风险，发生的机会并非很大，所以其风险补贴率也不宜太大。即土地的还原利率可采用实质利率，建筑物的还原率在实质利率上加上2%的风险补贴率，银行存款利率即为纯粹利息的利率加上货币贬值率。以此求得的还原利率，评估房地产的价格，结果证实与房地产的市场价格相当接近。

台湾柯博义先生在其编译的《不动产估价理论与实务》一书中，介绍了欧美求取还原利率所使用的四种方法：①市场投资品质比较法；②投资组合法；③银行家利率选择法；④重叠法。

美国雷利·巴洛维教授在《土地资源经济学 —— 不动产经济学》一书中，介绍确定还原利率的四种方法：①加总法；②投资分段理论法；③对比选择法；④银行家利率选择法。实质上，巴洛维的加总法与柯博义的重叠法、投资分段理论法与投资组合法、对比选择法与市场投资品质比较法都相同，没有区别。

日本及台湾等官方在有关房地产估价的法规中规定了求取还原利率的方法。如日本《房地产鉴定评价基准》对求取还原利率的方法有如下规定："决定还原利率时，以认为最具有一般性的投资利润率为标准，并比较观察该投资对象所相关的房地产的个别性。即就投资对象的危险性、流动性、管理的困难性，作为资产的安全性等加以综合比较观察，以求得利率。"投资对象的风险性，以出租公寓为例，有空房租不出去的风险，有承租人不付房租的风险。又如商业用房，有不能保证在将来一定能获得期待的收益的风险。房地产价

格较一般商品大，急于脱售时，其价格常被压低，如要以适当的价格出售，又需要相当长的等待时间。也就是说，与一般商品比较，房地产的流动性很小。此外，房地产投资不同于股东分红或定期存款的利息收入，房地产的管理比较困难。但在另一方面，房地产尤其是土地作为资产的安全性最高，因此《房地产鉴定评价基准》规定还原利率应将上述的风险性、非流动性、管理的困难性及作为资产的安全性等作综合的比较考虑，然后确定。台湾《地价调查估计规则》规定，还原利率采用通行投资年利率。对于官方的这一规定，台湾一些学者认为是不妥当的，因为房地产投资所承担的风险性、流动性、管理的难易，以及作为资产的安全性等均与一般投资有显著差别，故如以通行投资年利率还原，结果必然造成房地产价格偏低。

香港地区在运用收益还原法评估房地产价格时，常用回报年期来代替还原利率。回报年期是房地产的现值常数，借此可以计算未来每年可收取的净租金。亦即表示未来某些年之内，按照一个固定的复利率计算，可以收取的每年纯收益。既然房地产可为投资者，在一段时间内提供连续的收益，房地产的价格就与它的租金收益有一定的关系，房地产价格与租金纯收益之比所得系数即为回报年期。用公式表示为

$$P=ay$$

式中　P、a——含义同前；

　　　y——回报年期。

计算回报年期的一般公式为

$$y=\frac{1}{r}\left[1-\frac{1}{(1+r)^n}\right]$$

当房地产回报年期是长期的，此公式可改写为

$$y=\frac{1}{r}$$

式中　y、r、n——含义同前。

实例六

现有甲、乙两个店铺需要估价，估价日期为 1993 年 10 月 29 日。两个店铺的具体资料如下：甲铺位于××道 508 号，面积 60m²，1993 年 9 月 1 日租出，租期两年，净租金每月 6500 元；乙铺位于××道 510 号，面积 70m²，1991 年 10 月 1 日起租出，租期五年，净租金每月 5000 元。

首先要搜集附近同期卖出店铺的资料加以分析，以求得 1993 年末的租金水平及还原利率等。这些资料见表 4-9。

附近同期卖出店铺资料　　　　　　　　表 4-9

店铺位置	面积（m²）	租赁情况	每平方米租金（元）	售价及日期	年租金（元）	回报年期	还原利率（%）
××道 498 号	40	1993 年 9 月 15 日起租出，租期两年，每月 4500 元	112	700000 元 1993 年 11 月 20 日	54000	13.0	7.69
××道 542 号	76	1993 年 11 月 1 日起租出，租期两年，每月 8000 元	105	1300000 元 1993 年 10 月 5 日	96000	13.5	7.41

店铺位置	面积 (m²)	租赁情况	每平方米 租金（元）	售价及日期	年租金 （元）	回报年期	还原利率 （%）
××道 507 号	50	1993 年 10 月 1 日 起租出，租期两年， 每月 5500 元	110	870000 元 1993 年 8 月 24 日	66000	13.2	7.58

根据资料分析，1993 年末的租金水平约为每平方米 110 元；还原利率约为 7.5%。

(1) 甲铺估价

年纯收益　6500×12　　　　　　　　　　　　　　　　　　　78000 元

长期回报年期　$\dfrac{1}{7.5\%}$　　　　　　　　　　　　　　$\dfrac{13.3}{1037400\ 元}$

估价为 1000000 元。

(2) 乙铺估价

余下三年租约的年纯收益 5000×12　　　　　　　　　　　　60000 元

回报年期（三年）$\displaystyle\sum_{t=1}^{3}\dfrac{1}{(1+7\%)^3}$ 或 $\dfrac{1}{7\%}\left[1-\dfrac{1}{(1+7\%)^3}\right]$　　$\dfrac{2.6243}{157458\ 元}$

计算过程中，将还原利率调低了 0.5%，因为租金比市面租值低，因此退租风险也低。

租约期满后的市值年纯收益　70×110×12　　　　　　　　92400 元

长期回报年期（延迟三年）$\dfrac{1}{7.5\%}-\dfrac{1}{7.5\%}\left[1-\dfrac{1}{(1+7.5)^3}\right]$　　$\dfrac{10.7328}{991711\ 元}$

157458＋991711＝1149169 元

估价为 1150000 元。

三、其他的估价方法

(一) 剩余法

这是一种主要用于评估土地价格的估价方法。它是用房地产售价减去建筑成本、开发商利润及其他费用后，剩余的即为土地价值的一种评估方法。可用下面假设的例子较好地加以描述。

一个房地产开发商，愿意以多高的价格购买一块可供开发利用的土地？无疑开发商购买土地是要通过对它开发利用而赚取利润。当然，怀有同样动机想得到这块土地的开发商不止一个，因此任何一个开发商都不能企求从这块土地上得到超乎寻常的利润，否则在竞争中将得不到这块土地。但开发商也不愿意在这块土地上获得的利润比别人所愿意取得的最低利润少，或比将此资金投入其他方面所能取得的正常利润低，否则开发商会将这笔资金投到其他方面去。所以，开发商只能得到社会上的一般正常利润。为了能正确地对这块土地进行评估，开发商首先得仔细研究这块土地的内外条件，如坐落位置、面积大小、周围环境、规划所允许的用途、容积率和覆盖率等。为了充分利用这块土地，要把建筑面积设计到最大的允许程度。此后，要预测建筑物建成后连同土地一起转让出去可以卖到多高的价钱；为了建造建筑物需要花费多少费用；投入的资金，无论是自有还是银行贷款，都要计算利息。有了这些，开发商就可以计算出为了得到这块土地愿意支付的最高价格了。毫无疑问，这个最高价格等于房地产售价减去建筑费用，专业费用、利息和开发商利润后所剩的余额。

因此，剩余法的基本计算公式为

地价＝房地产价－建筑费用－专业费用－利息－开发商利润

专业费用通常按照建筑费用的一定比率计取；开发商利润则以全部预付资本为基础乘以利润率，全部预付资本为建筑费用、专业费用、利息和地价之和；利息则以建筑费用乘以复利率。

剩余法在香港地区及东南亚使用较为普遍，根据香港地区的资料：专业费用包括建筑师、工程师、测量师的收费。共约为建筑费用的 6％；利息，无论是否需要借贷建筑费用，都应列入成本，每年约为建筑费用的 8％，开发商利润约为全部预付资本的 15％～20％。

还需指出，由于时间是房地产开发的一个重要因素，而房地产价、建筑费用、地价等实际发生的时期不尽相同，特别是一项大型的房地产开发工程。因此，精确的地价估算还应考虑到货币的时间价值因素，将发生在各个不同时期的费用与收入统一化为相等的时间价值，确定的基准时间一般为估价时日。

运用剩余法评估土地价格的可靠性，关键取决于下面两个预测：第一，是否根据房地产估价的最有效使用原则，正确地规划了土地的最佳开发利用方式（包括用途、使用强度、建筑物的式样、外观和内部设计与布局等）；第二，是否根据房地产市场行情或供求关系，正确地判断未来开发完成的房地产的出售价格。建筑费用、专业费用的估算较为容易，偏差不会很大，因为这些一般都形成了行业惯例，如收费标准、利润率等基本相同且明朗。由于剩余法中上述两个预测包含着较多的可变因素，因此这种估价方法有时被指责为较粗糙。这一点也可从参加土地使用权出让竞标时，均是采用剩余法估算极价的众多竞争者，所愿出的最高价格相差悬殊中反映出来。不过，当房地产具有潜在的开发价值时，剩余法几乎是唯一实用的估价方法。

剩余法除适用于典型的待开发土地的估价外，还适用于：

（1）待拆迁改造的再开发房地产的估价，此时计算建筑费用还应包括拆迁补偿等费用；

（2）仅将土地或房地产整理成可供直接利用的土地时的估价，在这种情形下，房地产价应为整理后的土地价格，建筑费用为整理费用；

（3）现有新旧房地产中地价的单独评估，即从房地合计价中扣除属于建筑物的那部分价格，剩余之数为地价。

剩余法的运算过程为：

1. 选择最佳的开发利用方式

在弄清土地的基本情况和规划限制后，确定用途、建筑容积率、覆盖率、建筑式样等。在选择最佳的开发利用方式中，最重要的是选择最佳的用途，用途的选择要考虑到现实社会需要程度和未来发展趋势。

2. 估计开发期限

估计开发期限的主要目的在于推测建筑物完成时的价格，建筑费用的投入，利息的负担等。估计开发期限的方法可采用比较法，即根据其他相同类型、同等规模已建建筑物的正常开发期来确定。

3. 推测未来房地产价格

推测未来房地产价格通常采用市场资料比较法，即根据同类用途和性质的建筑物过去与现在的价格，结合其未来可能发生变化的趋势来推测。比较的单位通常是单价。

4. 估算各种费用和开发商利润

建筑费用可以采用比较法来估算，即通过同类建筑物当前的建筑费用大致是多少来推算。其他费用及利润的估算，已在前面讲述。

5. 进行具体计算，决定估价额

将所得数据代入计算公式进行具体计算，要注意将不同时期的费用与收入统一化为相等的时间价值。计算结果，并可参考其他方面的资料，最后决定估价额。

实例七

有一块面积为 145001m² 的土地，规划用于高科技工业及附属设施，如工人宿舍、娱乐设施及在指定范围内作商业及办公楼用。高科技工业楼不能少于六层及超过 10 层；沿路两旁建 筑物不得少于 20 层；建筑物之间的距离最小为建筑物高度的 70%；建造比率为三倍。

经市场调查后，综合各方面的资料，开发计划拟订如下：建造两幢 25 层商业楼，面积为 47500m²；20 幢 8 层工业楼，面积为 360000m²；一系列 7 层工人宿舍，面积为 25000m²；低层附属设施，面积为 6080m²。总开发期为四年，分期完成。

运用剩余法对此土地估价。

（1）售价见表 4-10。

售　价　　　　　　　　　　　　　　表 4-10

	建筑面积（m²）	单价（元/m²）	售价（百万元）	售价合计（百万元）
商业楼	47500	3800	180.50	
工业楼	360000	2000	720.00	
工人宿舍	25200	1300	32.76	
附属设施	6080	1300	7.90	
				941.16

（2）扣除开发商的利润及风险 25%

$$188.23 \text{ 百万元}$$
$$752.93 \text{ 百万元}$$

（3）建筑费用

商业楼　　47500×1500＝71.25 百万元

其他　　　391280×1000＝391.28 百万元

（4）专业费用占建筑费用的 6%

$$462.53 \text{ 百万元}$$

$$×1.06$$
$$490.28 \text{ 百万元}$$

（5）利息，借期两年，年利率为 13%

$$(1+13\%)^2$$

$$×1.2769$$
$$626.04 \text{ 百万元}$$

（6）剩余价值

$$126.89 \text{ 百万元}$$

考虑到估价时日，按利率 13% 计算现值

$$\frac{1}{(1+13\%)^4} = 0.6133$$

$$126.89 \times 0.6133 = 77.82 \text{ 百万元}$$

地价为 77800000 元。

实例八

有一块土地面积为 2613m²，地上有旧房需要拆迁。规划允许建造商住混合楼，建筑比率≤15。开发商拟建一幢 26 层的商住混合楼，一至四楼为商场，5～26 楼为住宅，开发期为 1.5 年。

评估过程如下：

(1) 建筑物售价见表 4-11。

建 筑 物 售 价 表　　　　表 4-11

	建筑面积（m²）	售价（元/m²）	合计（元）
一楼商场（向大路）	680	7000	4760000
一楼商场（向小路）	672	6700	4502400
二楼商场	1800	6700	12060000
三至四楼商场	3600	6450	23220000
5～26 楼住宅	29200	5750	167900000
共计	35952		212442400

(2) 开发高利润为全部预付资本的 20%。

$$\frac{212442400}{1.2} \times 0.2 = 35407067 \text{ 元}$$

(3) 建筑费用

$$35952 \times 1200 = 43142400 \text{ 元}$$

(4) 专业费用为建筑费用的 8%

$$43142400 \times 8\% = 3451392 \text{ 元}$$

(5) 利息，借期 9 个月，年利率 13%

$$43142400 \times 13\% \times \frac{9}{12} = 4206384 \text{ 元}$$

(6) 剩余价值为

$$212442400 - (35407067 + 43142400 + 3451392 + 4206384) = 126235157 \text{ 元}$$

$$126235157 \times \frac{1}{(1+13\%)^{1.5}} = 126235157 \times 0.8324 = 105078145 \text{ 元}$$

(7) 结论，扣除拆迁赔偿及拆旧楼费用约 200000 元。

$$105078145 - 200000 = 104878145 \text{ 元}$$

地价为 105000000 元

每平方米地价为

$$\frac{105000000}{2613} = 40184 \text{ 元/m}^2$$

每平方米楼面价为

$$\frac{105000000}{35952}=2921 \text{ 元}/\text{m}^2$$

建筑比率

$$\frac{35952}{2613}=13.76<15$$

在美国等国运用剩余法和收益还原法，单独求取土地或建筑物的价格。首先用市场资料比较法或成本估价法，求得土地或建筑物任何一方的价格，据此价格求得归属于土地或建筑物的纯收益；接着从房地产总收益中扣除归属于土地或建筑物的纯收益，剩余部分即为建筑物或土地的纯收益；最后将此剩余的纯收益进行资本还原，即得建筑物或土地的估价。

（1）土地剩余法。采用此法时，建筑物已单独估价，并已求得建筑物的还原利率、折旧率及纯收益。从房地产的总纯收益中减去建筑物的纯收益，剩余部分即为土地创造的纯收益。

例如，若房地产在折旧前的总纯收益为每年 25300 美元，建筑物单独估价为 180000 美元，还原利率为 8%，年折旧率为 2.5%。计算如下

折旧前房地产年纯收益	25300 美元
建筑物的纯收益及折旧	
180000×（8%＋2.5%）	－18900 美元
	6400 美元
土地的纯收益	
土地的估价为	

$$\frac{6400}{8\%}=80000 \text{ 美元}$$

（2）建筑物剩余法。此时，土地已单独估价，从房地产的纯收益中减去土地的纯收益，剩余部分归属于建筑物。通过还原利率和折旧率，对建筑物作出估价。

例如，房地产在折旧前的年纯收益为 25300 美元，土地单独估价为 80000 美元，还原利率为 8%，年折旧率为 2.5%。计算如下

折旧前房地产年纯收益		25300 美元
土地的年纯收益	80000×8%	－6400 美元
建筑物折旧前的年纯收益		18900 美元
建筑物的估价为		

$$\frac{18900}{8\%+2.5\%}=\frac{18900}{0.105}=180000 \text{ 美元}$$

（二）路线价估价法

所谓路线价估价法，即对面临特定街道而接近性相等的城市土地，设置标准深度，求取在该深度上数宗土地的平均单价，此单价即归属于该街道，称为路线价，根据此路线价，再配以深度指数表和其他修正率表，即可用数学方法算出临接该街道的其他各宗土地价格的估价方法。

运用路线价估价法评估地价，英美早已实行。尤其在美国这种估价方法已相当完善。日

本最早采用此法估价是在 1923 年关东大地震后。不过,在英、美、日等国间,这种方法的具体运用不完全相同。

1. 运用路线价估价法的步骤

(1)划分路线价区段。一个路线价区段,是指具有同一路线价的地段。因此,在划分路线价区段时,接近大致相等的地段,应划为同一路线价区段。通常是一街区长为准,即原则上街区不同者,路线价也不同。但繁华街道有时需将一个街区作多段划分,设定不同的路线价;而对某些不很繁华的地区,同一路线价区段也可延长至数个街区。另外,在同一街道上,若某一侧的繁华状况与对侧有显著差异时,同一路线区段也可划分为两种不同的路线价,看作为两个路线价区段。

(2)设定标准深度。设定的标准深度,通常是路线价区段内临街各宗土地深度的众数,这样才能使线价的计算达到简化的地步。否则,由此制作的深度指数表将使评估宗地的地价计算大都要用深度指数加以修正。在美国设定的标准深度为 30.48m,例外情形为 45.72m;在日本设定的标准深度为 16.36m。

(3)确定路线价。路线价是设定在路线上的标准地块的单位地价、通常在同一路线价区段内选择若干标准地块,分别求其单位地价,然后求这些标准地块单位地价的众数或中位数、简单算术平均值、加权算术平均值,即得该路线价区段的路线价。

(4)制作深度指数表。深度指数表又称深度百分率表。深度指数是随同一地块各部分距临街道的深度,使地价发生变化的相对程度。制作深度指数表的原则是:地块各部分的价格,随远离街道的程度而有递减的趋势,即深度越深,接近性越差,价格也越低。

(5)制定其他修正率。一面临街的长方形宗地,其深度虽然各不相同,但依据上述的深度指数表即可估计其地价。其他宗地,如街角地、两面临街地、不规则形地等,就需要制定相应的修正率。才能计算其地价。

(6)计算各地块的价格。根据待估宗地的情况,确定各种数据代入计算公式,即可求得待估宗地的价格。

路线价估价法的一般计算公式为

宗地价格＝路线价×深度指数×宗地面积±修正额

或　宗地价格＝路线价×深度指数×修正率×宗地面积

2. 深度价格递减比率

虽然临接同一街道的路线价相同,但因各宗地的宽度、深度、形状、面积等不同,则单位面积的价格仍然有差异。在影响价格的诸因素中,依深度表示价格的变化比率称为深度价格递减比率。这种随深度的深浅而引起的相对价格关系,如果编制成表,称为深度指数表。美国、日本等国的深度指数表不同,是因为其制作原理不同,而实质内容是一样的。

在欧美的深度价格递减比率,比较著名的有:四三二一法则;苏麦斯法则;霍夫曼法则和哈柏法则。日本则用深度百分率表表示。

(1)四三二一法则

最先使用的深度价值表是四三二一法则。它是将标准深度为 30.48m 的普通临街地与街道平行划分成四等分,由临街面算起,第一个 7.62m 土地,其价值占路线价的 40%;第二个 7.62m 土地,其价值占路线价的 30%;第三个 7.62m 土地,其价值占路线价的 20%;第四个 7.62m 土地,其价值占路线价的 10%。如果深度超过 30.48m,则需以九八七六法则予以补充。即超过30.48m的第一个7.62m土地的价值为路线价的9%；第二个7.62m土地的价值为路线价的8%；第三个7.62m土地的价值为路线价的7%；第四个7.62m土地的价值为路线价的6%。

（2）苏麦斯法则

苏麦斯调查比较了为数众多的买卖实例，统计分析交易价格的结果，证明30.48m深的土地价格，临街的前15.24m部分，占全宗土地总价的72.5%，后15.24m部分占27.5%，若再深15.24m，则该宗地所增的价格仅为15%。其深度百分率表即在这种价值分配原则下制定的。见表4-12。

（3）霍夫曼法则

对于各种深度的宗地估价，最先被承认的法则是霍夫曼法则。依照他的意见，深度为30.48m的宗地，临街的15.24m的价值应占全宗土地价值的2/3。在此基础上，规定了深度为30.48m的宗地，临街的7.62m占总地价的37.5%，临街的前15.24m占总地价的67%，22.86m占87.7%，全部30.48m等于100%。

此后，尼尔修正了霍夫曼法则，创立了霍夫曼—尼尔法则，此法则是将各深的价值规定一定的百分率。见表4-12。

苏麦斯法则和霍夫曼—尼尔法则   表4-12

深度（m）	苏麦斯法则（%）	霍夫曼—尼尔法则（%）	深度（m）	苏麦斯法则（%）	霍夫曼—尼尔法则（%）
1.52	14.35	17	27.43	95.60	94
3.05	25.00	26	30.48	100.00	100
4.57	33.22	33	33.53	104.00	—
6.10	41.00	39	36.58	107.50	—
7.62	47.90	44	39.62	109.50	112
9.14	54.00	49	42.67	113.00	
12.20	64.00	58	45.72	115.00	118
15.24	72.50	67	48.77	116.80	—
18.29	79.50	74	53.34	119.14	122
21.34	85.60	81	54.86	119.80	
22.86	88.30	84	60.96	122.00	125
24.38	90.90	88			

（4）哈柏法则

它是一种算术法则，其理论是：一宗土地的价值与其深度的平方根成正比。其深度指数是标准深度为30.48m的深度平方根的10倍。

即：深度指数＝（10×$\sqrt{深度}$）%。

但标准深度不一定是30.48m，所以对哈柏法则作了修正。即：

$$深度指数 = \frac{\sqrt{所给深度} \times 100\%}{\sqrt{标准深度}}$$

此处的标准深度，最好是选择某特定地区内与各宗土地的平均深度一致的深度为准。

（5）日本的深度百分率表

日本参照了上述的法则，制定了深度百分率表，此表又根据土地用途分为高度商业地区、普通商业地区、普通住宅地区等多种，见表4-13。美国的深度百分率呈递增，因为它采用的是累计深度百分率；日本的呈递减。因为它采用平均深度百分率。美国的深度百分率在标准深度前后都有分级，日本在标准深度前不分级。

日本的深度百分率表　　　　　　　　　　　　表4-13

地区 深度（m）	繁华街道高度商业地区（%）	普通商业地区并用住宅地区（%）	普通住宅地区家庭工业地区（%）	中小工厂地区（%）	大工厂地区（%）
16.36 未满	100	100			
16.36 以上	99				
18.18 以上	98	99	100		
20.00 以上	97				
21.81 以上	96	98			
23.63 以上	95	97	99		
25.45 以上	93	96			
27.27 以上	92	95	98		
29.09 以上	90	93	97		
30.90 以上	89	92		100	
32.72 以上	87	91	96		
34.54 以上	86	90	95		
36.36 以上	84	89	94		
38.18 以上	83	88	93		
40.00 以上	81	87			
41.81 以上	80	86	92		
43.63 以上	79	85	91		
45.45 以上	78	84	91		
47.27 以上	77	83	90		100
49.09 以上	76	82			
50.90 以上	75	81	89	98	
52.72 以上	74	80			
54.54 以上	73	79	88		
56.36 以上	72	78			
58.18 以上	71	77	88		
60.00 以上	70	76	87	96	
61.81 以上	69	75			
63.63 以上	68	74	87		
65.45 以上	67	73			
67.27 以上	66	72	86	94	
69.09 以上		71			
70.90 以上	65	70	85		
72.72 以上	64	69	84	92	
81.81 以上	62	68	83	90	
90.90 以上	61	67	82	88	
100.00 以上		66	81	86	
109.09 以上	60	65	80	85	

3. 路线价估价法的计算

路线价是表示标准宗地的单位价格,但标准宗地的单位面积随各国的规定而有所不同。如美国是以宽 0.3048m、深 30.48m 的细长条形地为计算单位;日本则以每平方米价格来表示。同时,深度指数表的制作方法也不同。因此,路线价估价法的计算公式也不同。

(1) 欧美的计算方法 评估一般临街地的地价,即求路线价、深度百分率与临街宽度三者之积。其计算公式如下

$$P_L = u \times d_v \times f$$

式中 P_L——地价;

   u——路线价;

   d_v——深度百分率;

   f——临街宽度。

例如,有一块临街宗地,宽 7.62m,深 39.62m,已知路线价为 39370 美元/m,求该宗地的价格。

运用四三二一法则

$$P_L = 39370 \times 1.0 \times 7.62 + 39370 \times 0.09 \times 7.62 + 39370 \times 0.08 \times 7.62 \times \frac{1.524}{7.62}$$

$$= 331800 \text{ 美元}$$

运用苏麦斯法则

$$P_L = 39370 \times 1.095 \times 7.62 = 328500 \text{ 美元}$$

运用霍夫曼—尼尔法则

$$P_L = 39370 \times 1.12 \times 7.62 = 336000 \text{ 美元}$$

运用哈柏法则

$$\text{深度指数} = \frac{\sqrt{39.62 \times 100\%}}{\sqrt{30.48}} = 114\%$$

$$P_L = 39370 \times 1.14 \times 7.62 = 342000 \text{ 美元}$$

街角地、前后临街地及不规则形状地,还要将此计算结果加以修正。

(2) 日本的计算方法

评估一般临街地的价格,先求出路线价与深度百分率之积,再求其与宗地面积之积。其计算公式如下

$$P_L = u \times d_v \times (f \times d)$$

式中 P_L、u、d_v、f——含义同前;

      d——深度。

同样,对街角地、前后临街地、不规则形状地等,也要进行修正。

(三) 英国的估价方法

英国是最早对房地产价格进行评估的国家,在 1792 年就创立了测量师会。英国现行的土地所有制很特殊,也非常复杂。因此,在英国也采用了多种多样的估价方法,除前面已经讲述过的方法外,结合英国的特点,再介绍下面的估价方法。

1. 利润法

利润法是一种根据承租人从租赁房屋,从事经营活动中,所能获取的利润来评定房地产

价格的估价方法。因此,这种方法只能适用于能获取经营利润的房地产估价,也适用于实际垄断性的房地产(就该房地产的原有特殊性而言,如只能用于某一种行业的房地产)或法定垄断性房地产(该房地产在用于经商目的之前,必须先获得政府要求的营业执照)的估价。

承租人占用该房地产,就希图在经营中获得一定的利润,在获得的利润中,承租人要支付该房地产的租金。因此,当掌握了经营活动中的所有收入及支出,包括承租人所期望得到的利润额,就能计算出剩余的金额,即经营者能用来支付他所占用的房地产的租金。这就是利润法的理论基础。

因此,运用利润法要求估价人员详细了解利用该房地产时,在经营中实际发生的财务帐目,以及承租人作为投资风险、投资补偿、投资回报所期望获得的利润额。

最好要查阅实际经营者在最近三年直至估价日的营业财务帐目。但是,由审计师做出的财务帐目是为纳税目的的,而不是为房地产估价目的用的,因此在对帐目审查时,要看其能否作为估价依据,必要时应作相应的修改。通常,在对财务帐目作如下修改后,才能用作估价的依据。

(1) 在支出中删除租金和抵押贷款费用。在采用利润法估价时,这些支出项目都应从帐目中删除。因为估价的最终目的是要计算出该房地产的租金方能还原成该房地产的价格;抵押贷款付款与房地产的实际价值无任何直接联系。

(2) 当承租人经营几处房地产时,若财务帐目并不唯一或全部与待估房地产有联系,则要进行调整,使之仅反映待估房地产的情况,即在估价时只采用与待估房地产有关的收支项目。

(3) 对经营者个人特性要进行调整。经营者的性格、经营技巧、个人特长及缺陷等会影响在经营中的收入和支出,所以估价人员应将财务帐目中的收支项目,与其他从事相同行业、租用相同房地产的经营者相比较,作出相应的调整。

(4) 查阅三年帐目是最理想的,但营业情况常常受到市场变化的影响,每年的市场变化也许并不能在租金中恰当反映出来。同样,对于租用房屋新开办的企业,一年的营业帐目数字不能反映该企业的经营发展情况,估价人员在无法获得三年财务帐目时,应努力弄清相关的趋向,使得这种趋向反映在帐目中。

对帐目作了必要的修改后,即可用总收入减去营业支出,得到可分余额;在可发余额中减去承租人的份额,剩下的就是租金额。利用收益还原法可将此租金额资本化来确定该房地产的价格。

实例九:

某旅店,为租赁目的进行估价,营业情况良好,财务帐目如下:

客房出租收入	10000 英镑	
餐馆收入	2000 英镑	
酒吧收入	3000 英镑	
纪念品等销售收入	1000 英镑	
总收入		16000 英镑
采购物品等	3500 英镑	
设备维修等	1500 英镑	
人员工资	3000 英镑	

空调、照明等	2000 英镑
抵押贷款付款	2000 英镑
其他零星支出	<u>1000 英镑</u>
总支出	13000 英镑

从帐目上反映，总收入大于总支出3000英镑，可以假定为经营者的利润。但帐目中的抵押贷款付款应删除，因此修正后的总支出为11000英镑。

总收入	16000 英镑
总支出	<u>11000 英镑</u>
可分余额	5000 英镑
承租人份额，按50%取	<u>2500 英镑</u>
房地产的租金额	2500 英镑

承租人份额常取可分余额的一个百分率，对于一个特定的行业，通常经过协商后确定。

2. 现金流量贴现法

现金流量贴现法与剩余法极为相似，但剩余法是某一时刻的估价，而现金流量贴现法与实际发展过程的时标更接近。这种方法更准确也更复杂，因为它能说明收入与支出随时间的变化，所以使得估价更为准确。这种方法也可用于房地产开发方案与其他投资间作比较。

运用此法时，要求更加详细的"流入"及"流出"的变化情况的检查。例如，当租金或支出发生变化如何来计算以供决策，是否要改变它们的受时间影响的利润或价值，以及变到何种程度，在计算中可以将通货膨胀结合起来。如果需要，也允许在开发阶段的任何时候进行资金分析，例如计算未付借款的总额。

它通常有三种方法，即一阶段一阶段现金流法、净满期法和现金流量贴现法。

(1) 一般计算过程。下面用例子说明这三种方法。

一宗：供办公楼用的土地出售，已有必要的规划许可。开发完成，当前的租金是每年200000英镑，这类房地产的还原利率为8%。施工期假定在购买土地后三个月开始，预计12个月完成。完工后三个月出售，整个工程费用估计为1200000英镑，分四次支付，开工时预付1/4。短期施工贷款年利率为17%，每季度为4%。风险及利润为售价的20%，购地费用为地价的2%。即：

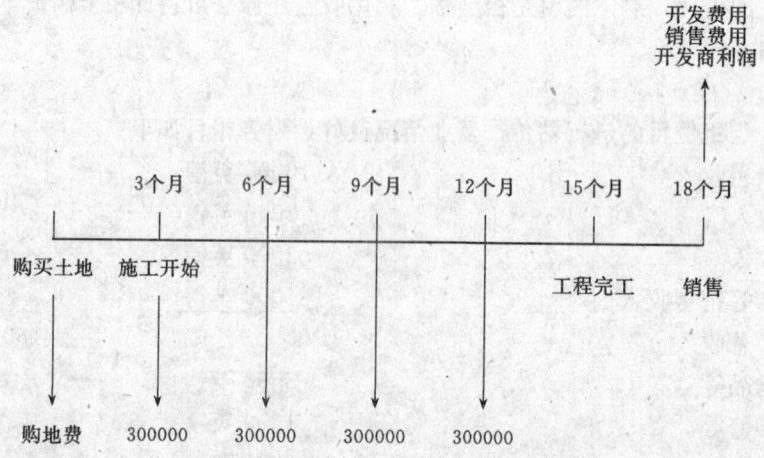

此办公楼的售价为

$$\frac{200000}{8\%} = 2500000 \text{ 英镑}$$

开发商利润为　$2500000 \times 20\% = 500000$ 英镑

1）一阶段—阶段现金流法，见表 4-14。

一阶段—阶段现金流法

表 4-14

时间（月）	支出（英镑）	收入（英镑）	净流量（英镑）	累计未付资本（英镑）	利息4%（英镑）	未付资本（英镑）
0						
3	300000	0	300000			300000
6	300000	0	300000	300000	12000	612000
9	300000	0	300000	612000	24480	936480
12	300000	0	300000	936480	37460	1273940
15				1273940	50960	1324900
18				1324900	53000	1377900

售价 **2500000 英磅**

未付资本　　　　　　　　　　1377900 英镑

利润及风险　　　　　　　　　500000 英镑

　　　　　　　　　　　　　　　　　　　　1877900 英镑
　　　　　　　　　　　　　　　　　　　　622100 英镑

1 英镑现值 17%，18 个月　　　　　　　0.7903 英镑

宗地价格（包括购地费用）　　　　　491650 英镑

$$\text{宗地价格} = \frac{491650}{1.02} = 482010 \text{ 英镑}$$

2）净满期法，见表 4-15。

净 满 期 法

表 4-15

时间（月）	净流量（英镑）	利息4%（直到完工）	完工时净支出额（英镑）
0			
3	300000	1.216653	365000
6	300000	1.169859	350960
9	300000	1.124864	337460
12	300000	1.0816	324480
15		1.04	
18		1.00	

1377900 英镑

以下计算与一阶段—阶段现金流法相同。

3）现金流量贴现法，见表 4-16。

现金流量贴现法

表 4-16

时间（月）	净流量 （英镑）	现值因子（4%）	现 值（英镑）
0			
3	300000	0.96154	288460
6	300000	0.92456	277370
9	300000	0.88900	266700
12	300000	0.85480	256440
15		0.82193	
18		0.79031	

1088970 英镑

售价　　　　　　　　　　2500000　英镑

　　　　　　　　　　　　 500000　英镑
　　　　　　　　　　　　2000000　英镑

　　　　　　　　　　　　 0.79031
　　　　　　　　　　　　1580620　英镑

　　　　　　　　　　　　1088970　英镑

　宗地价格（包括购地费用）491650　英镑

$$宗地价格 = \frac{491650}{1.02} = 482010 \ 英镑$$

（2）租金增长及通货膨胀时的计算过程。

如果租金每季增加 2%，建筑费用每季上涨 5%，见表 4-17。

租金增长及通货膨胀时的计算过程

表 4-17

净流量 （英镑）	300000	300000	300000	300000
增长值 （英镑）	$(1+0.05)$ 315000	$(1+0.05)^2$ 330750	$(1+0.05)^3$ 347287	$(1+0.05)^4$ 364652

完工后房地产的售价为

现租金额　　　　　　　　　　　　　　　　　200000 英镑

增长　　　　　　　　$(1+0.02)^6$　　　　　　 1.126162

未来租金额　　　　　　　　　　　　　　　　225232 英镑

$$售价 = \frac{225232}{8\%} = 2815406 \ 英镑$$

1）一阶段一阶段现金流量法，见表 4-18。

一阶段一阶段现金流量法

表 4-18

时间（月）	支出 （英镑）	收入 （英镑）	净流量 （英镑）	累计未付资本 （英镑）	利息 4% （英镑）	未付资本 （英镑）
0						
3	315000	0	−315000	0	0	−315000

时间（月）	支出 （英镑）	收入 （英镑）	净流量 （英镑）	累计未付资本 （英镑）	利息4% （英镑）	未付资本 （英镑）
6	330750	0	−330750	−315000	−12600	−658350
9	347287	0	−347287	−658350	−26334	−1031971
12	364652	0	−364652	−1031971	−41279	−1437902
15				−1437902	−57516	−1495418
18				−1495418	−59817	−1555235

售价   2815406 英磅

未付资本   1555235 英镑

利润及风险（20%售价）   563081 英镑

                                                   2118361 英镑

                                                   697090 英镑

1 英镑现值17%，18个月   0.7903

                                                   550910 英镑

$$宗地价格 = \frac{550910}{1.02} = 540108 \text{ 英镑}$$

2）净满期法，见表 4-19。

净 满 期 法   表 4-19

时间（月）	净流量 （英镑）	利息 4% （直到完工）	完工时净支出额 （英镑）
0			
3	315000	1.216653	383245
6	330750	1.169859	386931
9	347287	1.124864	390651
12	364652	1.0816	394408
15		1.04	
18		1	
			1555235 英镑

以下计算一阶段一阶段现金流量法相同。

3）现金流量贴现法，见表 4-20。

现金流量贴现法   表 4-20

时间（月）	净流量（英镑）	现值因子（4%）	现值（英镑）
0			
3	315000	0.96154	302885
6	330750	0.92456	305798
9	347287	0.88900	308738
12	364652	0.85480	311705
15			
18			
			1229126 英镑

售价	2815406 英镑	
1 英镑现值 4％，6 阶段	0.7903	
售价现值		2225015 英镑
开发商利润	563081 英镑	
1 英镑现值 4％，6 阶段	0.7903	
		445003 英镑
		1780012 英镑
		1229126 英镑
		550886 英镑

$$宗地价格=\frac{550886}{1.02}=540084 \text{ 英镑}$$

四、日本房地产评估

日本房地产评估主要受美国的影响。因而，市场资料比较法、成本估价法和收益还原法就成为日本评估人员对房地产进行估价的主要方法，其中市场资料比较法和成本估价法应用最为频繁。一般情况下，在估价土地时首先选用市场资料比较法；评估建筑物时，主要依靠成本估价法，同时使用市场资料比较法或收益还原法作为补充。

（一）市场资料比较法的应用

在日本，这种方法得到的估价结果主要用于房地产交易、房地产贷款、法院对不动产的处理、税收、保险以及政府征用房地产的补偿。日本的房地产价格在 80 年代和 90 年代初稳定增长，使得人们发现，通过市场资料比较法得到的房地产价格在许多情况下比用成本估价法和收益还原法得到的估价结果更加重要，但应用市场资料比较法一般需要有四个对比房地产。

通常情况下，日本中央政府在 7 月份组织评估全国范围内的典型房地产，而地方政府在 12 月评估其所辖区域内的典型房地产。因此，日本房地产的评估人员可以利用近期政府对某一房地产的评估结果作为对比房地产。

（二）成本估算法的应用

日本采用的房地产经济寿命大体在 30～50 年范围内，而其纳税寿命常常选用 60～65 年。在评估分析中，评估人员常用其实际估计的寿命。商业用房和其他能带来收益的房产的折旧，在日本采用加速折旧法，这主要是由于高技术和新建筑的一些特性使得其折旧的速度较之以前相类似的房地产更快速。

严格的建筑条例导致新建工程成本不断上升，日本建筑条例要求建筑物必须满足抗震、防火、抗洪和抵御其他灾害的能力。再者，日本必须大量进口基本的建筑材料，使得增加了建造成本。在日本许多城市，租金虽不断增加，但空房率仅为 1％～2％。

在日本，土地价格相对于地上物的价格来说一直是相当高的。据统计，在主要的美国城市用于建造商业楼宇的土地价格通常占全部房地产价格的 30％～40％；而在日本，这个比例却高达 90％。因而，评估土地的价格就成为日本评估人员的重要责任。

（三）收益还原法的应用

因为房地产融资的利率不断变化，所以在折现现金流分析中，日本评估常使用资金的当前成本作为贴现率来计算未偿还抵押债务的再现值。由于波动较大的利率周期开始与房地产周期紧密相连，资金的等效值计算也很重要。

日本评估人员应用收益还原法时所选用的还原利率反映了较大的管理风险。由于美国有一支发展良好的房地产专业管理队伍，这项管理风险因素就比日本小得多。在日本目前也在发展与美国类似的房地产管理行业，如日本建筑业和管理者协会。

五、香港房地产评估

很显然，香港房地产评估主要受英国的影响。香港几家大的评估机构在房地产估价方面通常采用以下五种估价方法：市场资料比较法、投资法、承包商法（成本估价法）、利润法和剩余法。选择估价方法，是根据房地产性质决定的，多数采用的是市场资料比较法。

（一）市场资料比较法

在香港的每一个估价事务所，都设立了专门的资料库，通过计算机将从政府部门和市场收集的房地产资料进行整理、分析和储存。这样除了对一些"特殊"或"罕有"的房地产，由于缺乏可比较的市场资料，需用其他评估方法估价外，绝大部分房地产，评估人员都是用市场资料比较法估价的，因为此法简易可靠。

（二）投资法

房地产可以为投资者在一段长时期内提供连续的收入，因此房地产的资本值与它的租金收益有一定的关系。资本值与年租金净收益之比称为"回报年期"，回报年期是房地产的现值常数，因此房地产现值＝年租金净收益×回报年期。

（三）承包商法（成本估价法）

这个方法建立在以下假设基础上：即建筑费与价格是相关连的，因此地价加上建筑物的建筑费相当于土地与建筑物的整体价格。在香港，评估人员认为这个假设是含糊的，因为价格是由供给和需求两种市场力量决定的，建筑费只是影响供求平衡诸多因素中的一个，并且仅在个别方面影响其价格。但是，对于很少在市场上进行交易的、不可能存在市场竞争的特殊房地产，假设其建筑费与价格在某种程度上相关是合理的。

鉴于这种方法依据的理论基础，香港的估价人员认为它应该只是在其他估价方法不适用时所采用的最后一种方法。它通常用来评估很少转手或是没有市场依据的房地产类型。适用这种方法的房地产有：医院、市政府、学校、图书馆、警察局等。对这类房地产进行估价往往是为了一些法定的目的，例如确定缴税的税金。

（四）利润法

这个方法的依据是假设某些房地产价格与从使用该房地产所得到的收益间具有一定的关系。即房地产的使用人或产权人在确定其价格时，会考虑该房地产的赚钱能力，可预期的总营业额，从中扣除为获得该营业总额所需的必要成本，剩余的数额将是支付的租金。

这种方法根据房地产获得的纯利润评估，纯利润是从营业额中扣除所有成本和经营费用求得的。纯利润的一部分将分配给承租人，支付其经营费用，还必须分配一部分补偿其风险和利息。剩余的钱用来支付房地产的使用权，也就是租金。

但是，它是一种非常间接的估价方法，完全依赖估价人员经验和处理数据的能力，才能取得可靠的估价结果。

（五）剩余法

这种方法所依据的原理是，土地是所有经济活动的承担者，而土地价格与其相关联的经济活动有直接联系。香港使用这种方法评估土地价格时，要将开发土地费用扣除，包括基建费、建筑师和估价师费、律师费、代理费、贷款费用及开发商的利润等。

用这个方法得到的估价需依赖许多的变量，因而误差机会较大，因此必须由经验丰富的估价人员小心地使用此方法。

第三节　各国（地区）房地产估价方法的比较

各国（地区）在选用房地产估价方法时，除了房地产类型本身因素外，很大程度上取决于各国（地区）的土地制度。土地所有制形式是多种多样的。从一个国家或地区来看，有些国家的土地所有制极为单一，只存在一、二种土地所有制形式；有些国家的土地所有制却极为复杂，存在着很多种土地所有制形式。即使土地所有制形式相同的国家，各种土地所有制所占的比重也不完全相同。

从世界范围看，土地所有制大致可以分为三类：

第一类，美国、加拿大、日本、法国等大多数发达的资本主义国家，国家和个人分别占有部分土地，个人同时占有土地的所有权和使用权，即绝对所有权，土地可以自由买卖，价格由供求关系决定。目前，美国全国土地中。59％为私人所有；39％为公有，其中联邦政府占有32％，州及地方政府占有7％；另有2％为印地安人保留地。日本全国土地中有65％的土地属私人所有；国家和地方自治体等所有地占35％。国家所占有的土地经常通过拍卖和招标，在市场上出售或出租。

第二类，英联邦诸国或地区，土地所有权归政府所有，个人仅占有土地的使用权。政府通过拍卖、招标和议标等方式，将土地的使用权租给个人，在租期内，个人可将使用权自由转让。租期期满，政府将土地和地上物收回或续租。在英国，自1066年以来，全部土地在法律上都归英王或国家所有，也就是说英王（国家）是唯一绝对的土地所有人。香港的全部土地，实际上可以说都归港英政府所有。

第三类，社会主义国家，土地归国家和集体所有，单位或个人具有使用权，国家和集体可根据需要将土地拨给单位和个人使用，土地一般不能买卖。

因此，估价方法的选择和使用，还受下列因素的影响。

一、活跃、健全的房地产市场

所有的估价方法，都离不开对比资料，其中以市场资料比较法尤甚，它是一种用近期内已经发生了交易的类似房地产的交易资料，加以比较对照，得出待估房地产价格的评估方法。这是长期以来，各国在房地产估价上广泛采用的估价方法。此外，成本估价法中各项费用的确定；收益还原法中纯收益的求取、还原利率的确定；也都需要从市场资料的对比分析中得到结果。这就要求有一个活跃健全的房地产市场，这样才有条件利用上述的三种基本方法对房地产进行估价。

但是，房地产市场是不充分市场，由于房地产的固定性和不同性，使得出售者或出租人有可能处于垄断地位。例如，一个城市的深水港区是附近的其他产业无法替代的，那么这个港区的所有者就可以用大大高于市场价格的标准出售或出租。

在土地所有权归政府所有的国家中，政府通过拍卖、招标和议标出让土地的使用权，实际上垄断了土地的一级市场。

在这种情况下，评估政府出让土地使用权的价格，最好是选用剩余法。因为市场受到政府的垄断，很难找到更多的交易对比资料。

运用剩余法，就要做许多预测，要估计开发期限，要推测建筑物建成后的售价，要估算在开发期限内发生的各项费用。在预测中包含着较多的可变因素，就会人为主观地做出一些假设，往往使得这种估价方法显得较为粗糙，所以在竞标中就会出现相差悬殊的标价。

二、城市规划的限制

政府对城市土地使用的限制主要通过城市规划、建筑条例等。在城市规划中最主要的是城市土地使用的分区管制。在美国，土地使用分区是法令，它对市区的每块土地都规定具体的允许用途，其目的在于控制及引导土地的使用和开发。规定中对土地和建筑物的使用、建筑基地的最小面积、建筑物的面积及高度、建筑物前后左右距边线的距离等作出限制。

例如，美国将土地使用分区分为农业用地、住宅用地、商业用地、工业用地及其他用地等。对各种用地还有更详细的区分，如住宅用地又可分为单户住宅用地和多户住宅用地，单户住宅用地还可分为：建筑基地为 4046.86m² 的单户住宅用地（$R-1$）；建筑基地为 2023.43m² 的单户住宅用地（$R-2$）；建筑基地为 929.03m² 的单户住宅用地（$R-3$）；建筑基地为 464.52m² 的单户住宅用地（$R-4$）等。多户住宅用地又可分为：并联式多户住宅用地；低层公寓；中层公寓；高层公寓等。

建筑条例对规划作了更详尽的规定，表 4-21 中列出了对单户住宅的具体规定。

单户住宅的建筑条例 表 4-21

用途区分	户数	建筑物最大高度		住房距地界距离（m）			最小面积（m²）		基地最小宽度（m）	停车房
		层	(m)	前	两侧	后	基地	住房		
$R-1$	1	3	13.72	7.62	3.05	7.62	3716.12	464.52	24.38	每户2车位
$R-2$	2	3	13.72	7.62	3.05	7.62	1858.06	232.26	24.38	每户2车位
$R-3$	4	3	13.72	7.62	1.52～1，2层 2.44～3层	7.62	929.03	185.81	24.38	每户2车位
$R-4$	8	3	13.72	6.10	1.52～1，2层 1.83～3层	4.57	464.52	139.35	15.24	每户2车位

因此，在估价时考虑的最有效使用，实际上只能按城市规划的要求，而城市规划还要考虑到公共利益，这就使土地的最有效使用受到了限制。恰恰在美国又最强调最有效使用，几乎每份估价报告中都有已充分考虑了最有效使用的字句。

三、土地所有制

前面已讲到，英联邦诸国或地区，土地所有权归政府所有，政府将土地的使用权租给个人，在租期内个人占有土地的使用权。其租赁年限最长的是999年，还有99年、75年等，后者在租赁期满后，还有可能续租99年或75年。其中香港地区是例外，香港岛和南九龙是割让的，其全部土地归英王所有；新界是租借的，其全部土地的所有权仍旧归中国。在条约有效期内，视同英王所有，但租期不能超过1997年6月27日。1997年7月1日中国对香港恢复行使主权后，全部土地属于我国国家所有。

由于土地是个人向政府租赁的，只能在租约规定的有限年期内行使使用权，这就要求估价人员对"有限年期"的房地产作评估时，要考虑此房地产的剩余使用年限。

例如，有一处房地产，年纯收益为 150000 美元，还原利率为 7.5%，不同年期的价值就相差很多。

年期无限

$$P = \frac{150000}{7.5\%} = 2000000 \text{ 美元}$$

有限年期

(1) 剩余使用年限为 25 年

$$P = \frac{150000}{7.5\%}\left[1 - \frac{1}{(1+7.5\%)^{25}}\right] = 1672042 \text{ 美元}$$

(2) 剩余使用年限为 10 年

$$P = \frac{150000}{7.5\%}\left[1 - \frac{1}{(1+7.5\%)^{10}}\right] = 1029612 \text{ 美元}$$

四、房地产市场的趋势

由于房地产价格的时间性很强，对房地产的估价只适用于特定的时日，往往估价人员对房地产只评估其当前值。可是有时开发商希望估价人员评估房地产开发后的未来价值，如生地开发成熟地（建筑基地）后的价格，或者成片开发时，第一幢房屋建成后的价格等。

从各国近年来房地产价格分析，普遍呈上升趋势，因此估价人员在对房地产价格的未来值评估时，也只按照此一般规律进行。但是随着世界经济的发展和各国的具体情况，房地产市场总的是上升趋势。又随着经济状况有涨、有跌，作周期性变化，见图 4-3。

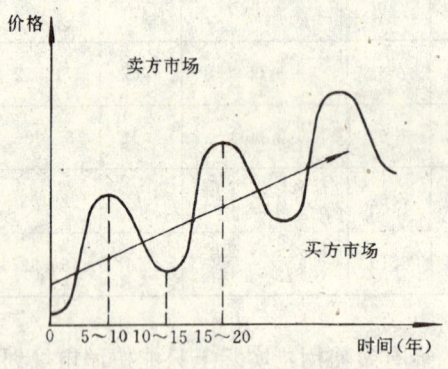

图 4-3 房地产价格循环图

美国房地产价格，总的呈上升趋势，随着经济发展的兴衰，每隔 15 年至 20 年经历一次大循环，每五年左右则有小幅度的循环。这样就形成了卖方市场和买方市场。

所谓卖方市场，是由于求过于供，使卖主在价格和条件上处于较为有利的支配地位的市场状态；而买方市场恰好相反，是供过于求，使买主在价格和条件上均处于较为有利的支配地位的市场状态。

无论采用哪种估价方法对房地产进行评估，估价人员都不能精确预测未来房地产市场的趋势，所以对房地产未来的价格进行评估时，只能作为参考。

例如在香港，以房地产投资起家的佳宁集团，在 1980 年 1 月初，以 1.8180 亿美元的高价，从置地企业集团手中购入中区的金门大厦，交易金额之庞大令人吃惊，9 个月后，佳宁迅速以 3 亿多美元的价格抛出获利。香港的新鸿基集团却犯了错误，1980 年香港的房地产发展已成强弩之末，但仍在 1981 年时，集资 4.7 亿美元买下美丽华酒店，当 1983 年初脱手求现时，售价只及当初购入价的 1/3。

五、投机行为

投机行为即所谓的炒地皮或炒房地产，通过炒卖炒买，把房地产价格哄抬上去。这种投机行为利润很大，但伴随着风险也很大；可以在很短的时间内获取暴利。

以土地为例，其价格的增长如图 4-4 所示。

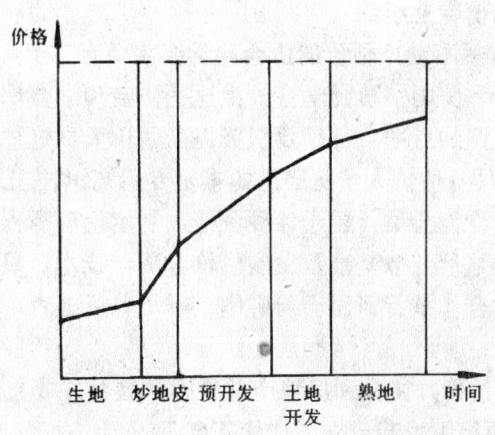

图 4-4　土地价格增长图

图中可见，炒地皮在短时间内获得较大的利润。所谓土地预开发是指通过立法程序改变土地的规划，亦即改变其用途。城市规划的改变有两种可能：一是市政当局根据城市的发展需要而修正原规划，如由于城市的发展，将市郊的农业用地改为住宅用地；或在住宅集中地区，将其中某一块地改为商业用地，以满足居民日常生活的需要。二是由开发商根据城市发展需要，向市政当局的规划部门提出申请，要求改变规划，通常这种申请要经过三年左右的时间，很可能以失败告终；一旦成功，地价陡涨。

所以运用估价方法也很难对投机行为中的房地产价格进行评估。

在日本，有位地主，在大阪附近市镇拥有一大片土地，他将其中一块土地围起来，声明将建造剧院，并雇请建筑师进行剧院的设计，通过各种宣传媒介公布于众。结果，使当地地价大涨，地主即以高价出售，但设计图纸即屡次修改，拖延年余，最后不了了之，原拟建剧院的土地反得以更高价卖给他人。这也可以说是一种投机行为，这种价格的攀高是很难用估价方法评估的。

第五章 海外房地产估价专业组织简介

第一节 美国和日本房地产估价专业组织

一、美国的房地产估价专业组织

1991 年以前，美国有关不动产估价的协会和学会主要有三个，即：美国房地产估价师协会、房地产估价师学会和美国估价师学会。由这些协会和学会承担不动产估价人员的选拔与估价行业的管理。它们的目的，都是要积极提高估价人员这种专门职业者的地位。为达到这种目的，首先要有具备估价人员所必需的丰富专门知识、能使用这些知识的能力、且有客观判断力的估价人员作为会员，授予各种资格，制定伦理章程以确立估价人员的伦理观念；另一方面设定有关估价业务基准及发展估价方法与技术，研究有关估价问题，交换有益的构想，并与各大学合作举行研讨会与讲座，以培养后继者；另外，还为会员作生命保险、伤害保险等。

1991 年，美国房地产估价师协会和房地产估价师学会合并成立美国估价协会。另外，在 1988 年，由一些主要专业组织发起成立了估价基金组织。

（一）美国房地产估价师协会

美国房地产估价师协会于 1932 年成立，是美国全国房地产同业公会的成员。美国全国房地产同业公会是美国最大的行业联合组织，成立于 1908 年，现在美国 50 个州中，设有 1860 个地方的房地产商董事会，共有 77 万个拥有各种专业职称的会员，从事房地产的咨询、经纪、出售、评估、推销、股票征集和财产管理业务，它下属有 9 个分支组织。

要成为美国房地产估价师协会的会员并不容易，先要成为预备阶段的候选会员，然后才能成为正式会员。

成为候选会员的资格要求是：

（1）年龄在 21 岁以上；

（2）四年制大学毕业以上；

（3）通过协会所举行的考试及格；

（4）经协会分会的推荐。

由于在这个阶段还不是正式会员，所以任何场合均不得使用协会的名称。

正式会员分为两级，资历较浅的称为住宅会员，其资格要求是：

（1）良好的候选会员；

（2）年龄在 25 岁以上；

（3）通过协会所举行的考试及格；

（4）通过协会所举办的独立住宅估价考试及格；

（5）有五年的房地产估价经验，包括两年的住宅估价经验；

（6）提出范本估价报告；

（7）经协会分会的推荐；

（8）必须是全国房地产同业公会的会员。

资历较深的会员称为估价协会会员，由协会认定其为房地产估价专家。其资格要求是：

（1）良好的候选会员；

（2）年龄在 28 岁以上；

（3）经有关考试及格；

（4）有五年以上的估价实务经验；

（5）提出两份估价报告，其中一份需包含收益性不动产；

（6）经协会分会的推荐；

（7）必须是全国房地产同业公会的会员。

美国房地产估价师协会要求其会员应遵守下列规定：

（1）必须避免做出有损于不动产估价业的行为；

（2）协助本协会对公众或其他会员执行任务；

（3）执行不动产估价时，不得为当事人的利益作辩护，或适应自己的利益；

（4）在任何时候提供服务时需能胜任；

（5）提出书面或口头估价报告时，必须遵守本协会有关此类报告的格式规定；

（6）不得违背估价人员和当事人之间的诚信原则，泄露估价报告的机密；

（7）必须抑制非业务上的行为，以保障不动产估价业务，也不得作过分渲染的广告。

（二）房地产估价师学会

房地产估价师学会于 1935 年成立，也是美国全国房地产同业公会的成员。其会员分为准会员、高级住宅估价师、高级不动产估价师、高级不动产分析家，后面三种才是正式会员。

准会员可以参加学会的一般性集会与教育活动，但不具备正式会员的权利；又由于不受学会推荐作为专门职业者，所以其在名片、估价报告及事务用笺上，均不得使用学会的名称。

高级住宅估价师这种资格，主要是授给那些对居住用不动产估价有多年的经验，其能力与见识达到学会所承认的程度者。其资格要求是：

（1）不动产估价原理和居住用不动产估价实例研究考试及格；

（2）提交居住用不动产的范本估价报告经审查合格；

（3）出席作成估价书研讨会合格；

（4）有实务经验；

（5）1944 年以后出生的，还需大学毕业或毕业资格认定；

（6）经入会审查委员会严格审查通过。

高级不动产估价师的资格要求与高级住宅估价师的资格要求相似，其需考试的科目增加一门收益性不动产的估价原则。

高级不动产分析家，是指对所有各种不动产都能加以估价分析的专家资格。其资格要求是：

（1）高级不动产估价师的优秀会员；

（2）对收益性不动产有 8 年至 12 年的估价经验；

（3）估价分析的特殊适用考试及格；

（4）对估价职业有特殊贡献而有记录者。

最后这种资格的审查相当严格，而且取得资格的有效期为五年。要在这五年中有充分的业绩或进步，才准予更新。

（三）美国估价协会

美国估价协会成立于1991年，是由上述美国房地产估价师协会和房地产估价师学会合并而成，它是与英国皇家特许测量师学会具有同等地位的专业协会组织。

估价协会总部设在芝加哥，现有 39000 个会员，分布在近 200 个地方分会中。现在估价协会授予的专业资格称号有两类：一是估价协会会员，一是高级住宅估价师。

（四）美国估价师学会

美国估价师学会成立于1952年。该学会除对不动产估价外，也包括对其他资产估价。其会员除保险公司估价人员外，还包括会计师、律师等。该学会的会员分成准会员、会员、高级会员和特别会员四等。

准会员不具备专家的资格。要参加者，年龄必须在 21 岁以上，有一定的业务经验，赞同学会的活动宗旨，愿意负担会费等。

会员资格要求年龄在 21 岁以上，有三年以上的估价经验，并须由考试委员会审查，还要笔试及提交范本估价报告，同时要大学毕业或经毕业资格认定。

高级会员的资格为：年龄在 21 岁以上，有五年以上的估价经验，并提交估价报告。

特别会员是美国估价师学会中，对估价业务或估价理论的研究有相当的成就而授予的特别资格。

（五）估价基金组织

1988 年，美国一些主要专业估价组织发起成立了估价基金组织，下设两个独立的委员会：一是评估标准委员会，它负责制定可行的估价行业从业准则和估价标准；一是评估资格认证委员会，它负责制定从业人员的最低教育水准和资格认证的标准。这两个委员会的目的，都是建立一个自我约束的体制和提高全行业的业务水准。

二、日本的房地产估价专业组织

日本将估价称为鉴定评价，简称鉴定；因此对估价师也称为不动产鉴定士。

日本有关不动产的鉴定评价最初是由银行代理进行的，属于银行的业务范围。在第二次世界大战前，不动产鉴定评价任务除满足社会上一部分私人买卖不动产的需要外，主要是满足政府机构计算征地补偿的需要。第二次世界大战后，不动产鉴定评价业务逐渐从银行业务中脱离出来，许多地方成立了不动产鉴定协会、不动产研究所等机构，专门从事有关不动产的鉴定评价业务。鉴定评价的对象也从官方政府机构、重要的公共用地，迅速扩大到民间私人企业和个人产业。

日本房地产评估行业主要受美国的影响，因此，日本的房地产估价师由日本房地产估价协会和日本政府共同管理，但分工有所不同。政府根据由日本房地产评估协会组织的考试结果发放估价师许可证，协会负责教育培养新手，培训在职人员，其财政支出由日本主要房地产公司、金融机构和其他组织提供资助。同时，日本信托银行也培养并雇佣许多估价师，以支持其房地产金融计划。

日本的主要评估协会是日本房地产估价师协会（JAREA），它成立于1965年，目前拥有大约6000名会员，其中包括500名候选者。该协会是可以利用中央政府公布的房地产信息的唯一一个日本评估协会。对于地方政府收集的房地产信息，日本房地产估价师协会的会员大约只能拿10％，地方政府公布的有关信息可由产业的出售方直接获取。

房地产估价师的资格认证由日本国土厅负责，发放房地产评估公司和估价师的评估许可证。为了使评估收费规范化，政府要求所有评估报告中都必须注明评估公司和估价师个人的许可证号码，有时还可能需要评估公司总裁个人的号码。这种号码通常包括在受托评估单位提供的评估报告上加盖的印章中。如果没有印章，估价师只能按作咨询报告的标准收费。

目前日本发放了大约6000个估价师许可证，2390个不同规模的评估公司许可证。八个日本信托银行的评估部（例如三井信托银行的评估部）被认为与评估公司相当。典型的房地产评估公司一般仅雇佣五人。

只有持有许可证的估价师才有资格签署对外提供的估价报告，没有许可证的估价师只能签署私人公司内部的报告。

日本政府定期组织有许可证的估价师为政府评估典型产业，象许多国家一样，政府所支付的评估费相对较低。通常情况下，日本中央政府在7月份组织评估全国范围内的典型产业，由国土厅每年1月1日公布中央政府所获得的典型产业的评估数据；地方政府在12月评估其所辖区域内的典型产业，由都、道、府、县于每年7月1日公布所获得的评估数据。因此，日本房地产估价师可以利用近期政府对某一产业的评估结果作为对比产业，政府每年大约花费100亿日元来进行这项周期性典型产业评估。

第二节 英国和香港地区房地产估价专业组织

一、英国的房地产估价专业组织

1792年英国测量师会创立，接着土地测量师会及测量师协会分别于1834年和1864年成立。它们的会员都是在不动产估价、土地测量及工料测量业中的佼佼者。

英国测量师学会创会于1868年，1881年维多利亚女王授予该会"皇家特许"状，并于1921年获颁"皇家赞助"荣誉，皇家特许测量师学会（RICS）的名称则由1946年起沿用至今，最近英国皇家特许测量师学会正拟与估价师、拍卖师联合会（SVA）合并成立一个更具影响的协会，因为世界大多数国家和地区的房地产估价师均认同皇家特许测量师学会的标准，且其会员众多，遍布世界各地，在相关政策制定和教育培训方面作用巨大。所以，合并后的协会在世界范围内将会有更大的影响。英国政府将大部分评估指导工作交给了他们。

英国皇家特许测量师学会，分为六个部门。其中土地估价师和动产估价师称为一般估价师，一般估价师往往有两个名称，一个叫估价师，另一个叫评估师，在英国一般以估价师为主。英国估价师法第一条对上述两者分别界定，这两者基本上是相同的，但估价师是专门评估价格的，而评估师包括品质的鉴定。

英国皇家特许测量师学会里除有土地估价师及动产估价师外，另外还有中介及农业师、土地测量师、规划与开发师、预算师（工料测量师）等。其中土地估价师约有23000多人，又可分为官方估价师与民间估价师；遇到土地征用的情况，土地所有人可以委托民间估价师来估价，而征用机关则雇用官方估价师或任命区估价师来估价。

英国土地估价师资格的确认，由英国皇家特许测量师学会负责。英国皇家特许测量师学会通过举办专业考试招收会员，凡具备报考资格的人员通过该考试后，方可取得估价师资格。

不论通过哪种渠道获得英国土地估价师的资格，均需具备下述条件：一是具有相当的专业知识；二是具有一定的实务经验；三是通过必要的专业考试。

在英国，一旦获得土地估价师资格，即可执业，或在民间，或在官方，或为契约估价，或为法定估价。

英国的测量师行除了提供估价服务外，通常还提供相当广泛的其他服务，如产业管理、产业融资顾问、产业拍卖师、市场研究、房地产投资顾问、产业代理等。

二、香港地区的房地产估价专业组织

房地产业的发展带来了香港的经济繁荣，繁荣的经济又进一步促进了房地产业的发展，房地产业是香港当局财政收入的重要来源。据有关资料介绍，香港75％的投资与房地产业有关，而香港政府每年从房地产业得到的直接或间接收益，已占其财政总收入的30％左右，可见房地产业在香港经济中所占的重要地位。房地产业在香港之所以能够得到如此的发展，政府有关房地产方面的税收得以及时、准确征收，均与房地产估价人员的勤奋努力分不开。所以，在香港房地产评估工作是为社会所羡慕的职业，而评估人员由于素质好，待遇高，也普遍受到社会的尊重。

（一）产业测量师

在香港从事房地产价格评估的专业人员，通常称为产业测量师。只有受过高等教育并经过一定手续批准的专业人员才能取得测量师的称号。产业测量师除应具有一定的专业知识外，还要熟练掌握各种估价方法，在评估实践中注意积累经验，占有评估过程中所需要的各种资料，对当地社会、民俗有广泛的了解，掌握众多的影响产业价格的因素及市场价格变动的情况。

产业测量师的主要职责是为购买、出售、出租、保险、抵押、投资、差及征税等事项评估各类产业的价值；向委托人提供土地或产业今后若干年内的发展预测；充任土地纠纷、产业估值等事宜的专业见证人等。

产业测量师可以服务于政府部门或私人的测量师行。

（二）屋宇地政署

香港政府屋宇地政署地政处下设的征地及估值部担当评估工作，该部主要负责估值政府按有关法律、条例征用土地的补偿费用，以及对政府进行的土地交易过程中涉及土地价格的评估。

（三）差饷物业估价署

差饷是香港政府就使用产业而征收的一种间接税。差饷主要用做政府、市政局所提供各项公共服务的经费。

无论产业由业主自用，或是由于租务管制法规而有所限制，估价标准都是一样的。估价额或应课差饷租值，是依据产业在港督所指定的日期的全年合理市面租值而估定，凡是属于应缴纳差饷的产业，无论是否租出，都要估定应课差饷租值，以便征收差饷，这项工作即由差饷物业估价署负责完成。

差饷是根据估定的应课差饷租值乘以规定的百分率征收，如1991～1992年度的差饷征收百分率为5.5％。

（四）测量行

香港的估价师除供职于政府部门及各地产公司等单位外，有相当大的一部分开设属于民间机构的测量师行，为社会大众服务。目前共有几十家测量行，其中比较有名望且与中国内地有密切来往关系的有：仲量行、利比测量行、卓德测量行、简福怡测量行、刘绍钧产业测量师行等，他们可以受雇于政府或私人。香港测量行的服务地区范围很广，不仅在香港地区承担任务，也承接与大陆有关的房地产评估业务，还服务于东南亚、欧美等国。

香港政府对测量行的审批注册采取了比较严格的措施，测量行的负责人或合伙人必须有英国皇家特许测量师学会或香港分会颁发的特许测量师证书，否则将无法申领营业执照、开业经营。

测量行都应以公正、中立的身份从事各种服务工作，凭借其实力、专业知识、服务质量在激烈的竞争中争取客户，赢得声誉。其服务范围主要有以下几个方面：

（1）对住宅、办公楼、商业店铺、工业厂房、饭馆旅店及有发展潜力土地出租或出售进行估价；

（2）为银行抵押进行估价；

（3）就开发各类房地产进行可行性研究；

（4）就更改官地契约条款、换地和重批土地问题代客户与政府磋商和谈判；

（5）对应课差饷租值和政府收回官地时所付补偿作出评估；

（6）向政府或私人就有关产业评估提供咨询服务。

（五）香港测量师学会

香港专业测量师的历史起源于英国，早年香港的测量师大部分来自海外，主要是英国，他们都是有资历的特许测量师，现在英国皇家特许测量师学会在香港设有分会。

1984年4月创建了香港测量师学会，为香港在1997年回归我国做准备，该学会现有会员约1500人，包括会员（AHKIS）及资深会员（FHKS）两种，还有部分青年实习会员。目前，英国皇家特许测量师学会与香港测量师学会已签署了相互承认的协议。

香港测量师学会是一个独立的法团，有法人地位。学会条例是经香港总督参照立法局意见并得到该局同意制定的。根据1990年香港测量师学会条例规定，学会宗旨是：

（1）设法推展及协助获取测量业的学问与专业知识，包括评定各类房地产及其各种权益的价值；管理与发展房地产及房地产管理的一切事宜；对土地及其附带资源进行调查研究，促使它们获得妥善利用；测量楼宇的结构、状况及各项设备，并就其维修、改建、改良、重建及拆卸提供意见；量度及描绘地理特征；管理、发展与测量矿物及其他产权；就建筑业的资源进行调查研究，并对建筑工程进行财政评估及测量；出售、购买或租赁不动产或动产或其任何权益，并以代理人身份促进或鼓励不动产或动产或其任何权益的出售、购买或租赁以及管理工程项目。

（2）促进、支持及维护香港测量师的形象、地位及权益。

（3）为公众利益而维持及促进测量业的作用等。

学会的管理权属于理事会，一切权力由理事会行使，理事会可代表学会办理所有必需的、有连带关系的或有助的事宜，以贯彻学会宗旨，其权力或职责是：

（1）取得、承租、购买、持有和享用任何财产，以及将财产出售、出租或以其他方式处置；

（2）订立任何合约；

（3）为会员提供适当设施；

（4）雇用职员；

（5）为职员及造访宾客提供住所；

（6）为职员提供退休金或分担退休金的供款；

（7）担任有关退休金计划及奖学金和奖项基金的受托人；

（8）以理事会认为适当或适宜的方式及抵押或条款借入款项；

（9）申请及接受任何津贴以资助学会的活动；

（10）将学会基金投资。

学会下设五个小组，即四个功能组：土地测量师，从事测量土地、规划地盘地界，包括地籍、工程、控制或大地、地形、摄影、水道测量等；工料测量师，从事房屋建造、土木工程、城市发展、以至矿物及石油化工各类工程的成本控制、招标投标、建筑合约及管理、工程策划及管理、仲裁纠纷、工程结算、工程保险损失估值等；建筑测量师，从事楼宇的建造及保养维修、工程策划管理和产业管理等；产业测量师，负责产业估价、地产买卖、楼宇租售及产业管理等，和一个青年组（年龄在35岁以下）。由于学会不是一个实体机构，其会长、副会长、理事及各功能组负责人都不是专职的，他们都分别在各自的部门及单位任职。学会的经费来源以收缴会员会费为主。

在香港，凡具有大专以上认可学历，在职训练两年并有实际业绩者，均可向学会提出入会申请，通过学会安排的考查小组的面试，提问对测量师工作的认识、工作的理解、职业道德观念等，对其两年的工作成绩作出评价，及格者提交审批委员会认可，发给学会资格文凭，即成为香港测量师学会会员。一般情况，每年约进行两次考试。1991年香港政府通过了"测量师注册条例"，凡香港测量师学会会员均可申请成为注册测量师，其实质是把测量师学会地位提高了。

香港测量师注册机构是测量师注册管理局，下设不同责权的分机构，包括注册事务委员会、研讯委员会和复核委员会。

管理局成员由13名以上人员组成，其中1人由港督委任，其余由香港测量师学会理事会委任，但必须是学会会员，其中至少有2人来自政府主管或相关部门的会员。管理局的职能包括：

（1）设置及保存注册专业测量师的注册记录册；

（2）为各专业测量师划分组别；

（3）制订及检讨注册资格标准及相关注册事宜；

（4）就注册事宜向政府及学会提供意见；

（5）审查及核实申请注册为注册专业测量师人员的资格；

（6）接受、审查、接纳或拒绝注册为注册专业测量师或注册续期的申请；

（7）处理违纪行为；

（8）备存关于管理程序及帐目的妥善记录；

（9）其他。

管理局的权力是：确定向管理局缴付的费用；成立委员会，聘用雇员；制定注册专业测量师的操作及纪律的规则；制定财务规则及其他，管理局成员的薪酬由原机构（单位）负责，成员不得因出任该局成员而获取酬金。

香港测量师的注册资格是：

（1）属于某组别的学会会员；或其他测量师团体的成员，该成员资格标准不低于学会同组别会员的资格标准；或已在测量学及其他的学科考试中合格，并曾接受训练及取得经验。而此等考试、训练及经验，应符合获得管理局在一般或个别情况下接纳为学会会员所要求的资格标准。

（2）已在香港取得一年有关专业经验。

（3）必须通常居住在香港。

（4）必须不是研讯委员会的研讯对象，亦未受过专业组织的纪律制裁。

（5）必须以书面声明以使管理局信任他有能力在有关组别内执业。

（6）必须是获得注册的适当人选，凡曾在香港或外地被判刑事罪名成立，并被判处监禁，不论是否缓期执行，而该罪名可能损及测量师专业的声誉；或曾在专业方面有失当或疏忽行为的人，均属不适当人选。

在香港，任何人申请注册为注册测量师，都必须用管理局指定的表格及方式提出申请；申请人递交申请时必须向管理局缴付申请费用；管理局可运用其酌情决定权，要求申请人接受一项笔试，考核他在有关组别的测量学及专业事务方面的知识。根据注册资格、注册申请，管理局通过审核，符合条件者便被接纳为注册测量师；否则，则拒绝接纳，但必须向申请人作出拒绝理由的解释。

为了保证注册测量师的专业质量，注册测量师不是终身制，注册有效期为 12 个月，每年可申请注册续期。在届满前三个月至 28 天内，可向管理局注册主任申请续期，而不是自动续期。申请人必须用管理局指定的申请表格提出申请并缴付申请费用。如果申请续期的注册测量师不符合注册资格，则管理局拒绝再接纳其为注册测量师；若在申请续期期间未申请续期者，在注册记录册内将注明没有续期并视之为不再是注册测量师。但是，由于某些正当的特殊原因，有效期届满的注册测量师只要向管理局缴付延长续期期限的费用，管理局可将续期期限延长。

在注册有效期内，注册测量师还必须严格遵守专业操作和作业准则；否则，一经被投诉，专门的研讯委员会将对其进行研讯，研讯委员会的决定或提议，经复核委员会确认后，将给予不同的纪律制裁直至取消其注册资格。被投诉者不服，可上诉至上诉法院，上诉法院的判决为最终判决，管理局将在香港的每日行销的中英文报章上，公布关于制裁的命令并同时发表足够的详情。

注册测量师如有下列情形，即为违纪行为，可向注册主任投诉，经咨询研究后决定应否将投诉交由管理局处理：

（1）在专业方面有失当或疏忽行为；

（2）以期诈手段或失实陈述而得以注册；

（3）显示自己是某组别的注册专业测量师，但实际他并未在该组别注册；

（4）被传召以证人身份或以研讯委员会对象身份出席研讯委员会的聆讯，但没有出席又没有合理解释；

（5）曾在香港或外地被判刑事罪名成立，并被判处监禁，不论是否缓期执行，而该罪名可能损及测量师专业的声誉；

（6）借虚假、有误导性或有欺诈成分的口头或书面陈述，使自己或他人获得注册成为注册专业测量师；伪造或篡改注册记录册内容；

（7）不是注册专业测量师或知情而容许他人在与其业务或专业有关的情况下使用"注册专业测量师"称谓或使用英文缩写"R.P.S"；

（8）并未名列注册记录册，却表示或在广告中宣称他自己是注册专业测量师，或知情而容许别人表示或在广告中宣称自己是注册专业测量师。

可见，香港对专业测量师的获得、地位、监督、管理等都是很严格的；正因为此，才使得香港测量师业有较大的发展，水准不断提高。

第三节　部分其他国家房地产估价专业组织

一、德国的房地产估价专业组织

德国称之为不动产估价的工作，专指贯彻政府意图，对不动产交易和转移的过程进行价格指导、平抑市场地价为目的的估价。它主要由专门机构进行。

估价委员会即为负责对地产估价及其他估价的专门机构，估价委员会设有办公室负责日常的组织工作。在德国市（镇）、县均设有估价委员会，地区设有高级估价委员会，负责所辖区内的估价工作。估价委员会直属政府部门的地籍局。

估价委员会主要由地籍、建筑、经济、法律、测绘等方面的专家，以及银行家、交易所负责人、财政局官员等组成；在税收估价中财政部门的一名有经验的官员应作为估价员。估价委员会由一名主席和若干名委员组成，主席由地籍局长或城市测量局长等兼任。

估价委员会的工作主要有两个方面：

1. 定期提出本地区地产交易标准地价

（1）估价委员会办公室将每一份与地价交易、交换、补偿、馈赠有关的合同整理、汇总、按时间、地点形成地价卡片集和地价图；

（2）委员会每两年召开一次全体会议，分析、评估本地区内不同小区的标准地价，并制成标准地价表和标准地价图；

（3）公布、出售标准地价表和标准地价图，并接受任何单位和个人的咨询，标准地价虽不一定等于交易价，但对交易价有指导作用。

2. 对具体地块的评估

（1）当接到业主要求对某具体地块的交易价进行评估的申请后，派出3～4名专家对该地块的标准地价、地块条件进行调查；

（2）召开委员会议，按地块的调查结果进行地产评估，审定地价；

（3）评估结果提交业主，向业主收取估价费用。

德国的评估体系受美国影响较大。

二、新西兰的房地产估价专业组织

新西兰的土地估价师分为官方估价师和民间估价师。事实上在早期的殖民地时代，新西兰并无专业估价师团体，大部分估价师均是在政府部门的估价专业工作者。新西兰的第一个估价师团体成立于1910年，即奥克兰不动产估价师协会，成立时仅有会员15名。1925年该协会改名为奥克兰估价师与仲裁员协会。1923年新西兰的帕麦斯顿岛成立了北岛土地估价师协会。此时政府机构内的估价师仍未参与上述协会，直到1935年官方估价师才联合成立新西兰政府估价师协会，成立时分为三个部门，七个分支，计有200名会员。

1938年，上述三个协会合并成立新西兰估价师协会，该协会的主要目的在于提高会员的估价工作水准。为达到此目的，协会提出一法案要求承认估价专业的法定地位，该法案于1948年通过而形成法律，即现在所谓的"1948年估价师法"。该法将估价师分为城市估价师和乡村估价师；同时，该法设立估价师注册制度及估价师注册委员会。估价师注册委员会有主席一名，由主任估价师担任，有四名已注册的估价师，其中二名由估价师协会推荐；委员会的主要任务是提供土地估价师的各项服务，例如，注册、纪律、上诉、财政支援及其他行政措施等。

每一位民间的估价师在执业时，必须持有年执业证，否则其执业为犯法的行为。

三、韩国的房地产估价专业组织

韩国的估价师称为土地评价士和公认鉴定士。

土地评价士主要是接受政府的委托，调查、评价基准地价，以及评价公共设施建设拟收买或征用的土地及其他权利。欲成为土地评价士，须在建设部长官举行的土地评价士考试中合格，在此基础上还须取得建设部长官的许可。由建设部长官发给土地评价士许可证，并在土地评价士许可簿册上记载有关事项。取得许可证的土地评价士，要在建设部长官指定的机构实习一年以上，才能开设事务所，从事土地评价士的业务。

公认鉴定士的业务范围较广泛，除对不动产评估外，还包括动产的鉴定评价。公认鉴定士的考试由财务部长官施行，考试每年进行一次以上；考试合格者，由财务部长官用官报公告，并向合格者颁发合格证书。考试合格者尚需在财务部长官指定的机构中完成两年以上鉴定评价实习，或在财务部长官指定的机构中从事五年以上鉴定评价业务者方能取得公认鉴定士的资格。公认鉴定士拟从事鉴定业时，须在财务部备置的公认鉴定士注册簿上注册，并发给注册证。

韩国政府通过成立韩国房地产评估协会来管理，该协会负责制定评估政策，教育培养评估后备力量，为从业估价师提供职业培训的机会，执行政府和协会制定的评估标准。

房地产常用英语单词和词组汇集

Ability to pay　支付能力

Abroad　海外，国外

Absolute rent　绝对地租

Abstract　提要，文摘，产权摘要

Academy　学院，研究院

Accelerated depreciation　加速折旧

Acceptance　验收，承兑

Acceptance bank　承兑银行

Accident　事故

Account　帐户，帐目

Account balance　帐户余额

Account bill　帐单

Account book　会计帐簿

Account evidence　会计凭证

Account payable　应付帐款

Account receivable　应收帐款

Accountant　会计师

Accretion　新生地，指因自然力量而增添
的土地，如借助河川或风力

Accrued depreciation　累计折旧

Accumulate　累计

Acknowledgement　声明书

Acquisition　购置获得

Acre　英亩，一英亩等于 43560 平方英尺，
等于 4047 平方米

Additional payment　额外付款

Additional tax　附加税

Address　地址

Adjustable rate mortgage　浮动利率抵押
贷款

Administered price　控制价格

Administration in bankruptcy　破产清理

Administration cost　管理成本

Administration expeness　管理费用

Administrator　行政人员，遗产管理人

Admonition　警告

Ad Valorem　按值、从价课税

Advance payment　预付款

Advertise　广告

Advice　建议，通知

Advise　通知

Adviser，Advisor　顾问

Affidavit　宣誓书，具结书

Affiliate　联营

Affiliated company　联营公司

Affirmation　证词

Agency　代理

Agent　代理人

Aggregate　综合，总计

Agreement　协议，契约

Agreement of sale　销售协议

Alienation　转让，转移动产或不动产之所
有权予他人

Alienation clause　转让条款，或称 Due on
sale clause

Altitute　高度，高程

American Institute of Real Estate
Appraisers（AIREA）　美国房地产估
价师协会

American Society of Appraisers（ASA）
美国估价师学会

Amortization　摊还，摊销

Annual　年度的

Annual budget　年度预算

Annual closing　年度结算

Annual income　年收入

Anticipation 预测（原则）

Apartment 公寓

Applicant 申请人

Application 申请书

Application procedure for mortgage 申请贷款程序

Appraisal 估价书，评价书

Appraisal date 估价日期

Appraisal of real estate 房地产估价

Appraisal price 估定价格

Appraisal procedures 估价程序

Appraisal purpose 估价目的

Appraisal reports 估价报告

Appraisal tenet 估价原理

Appraise 估价，评估

Appraise fees 估价费，评估费

Appraiser 估价师，评估人员

Appreciation 增值，涨价

Arbitrage 套利，利用利率差额以获利

Arbitration 仲裁

Archetect 建筑师

Archetecture 建筑设计，建筑学

Area 面积，地区

Arithmetic mean 算术平均数

Arrestment 财产扣押

Article 条款，章程

Artificial person 法人

As is 现状典交

Assess 征收，估定

Assessed Value 估价值（课税用），评估值

Assessor 估税员

Asset 资产

Asset cover 资产担保

Asset depreciation 资产折旧

Assignee 受让人

Assignments of rents clause 租用权转让条款

Associate membership 准会员

Association 协会

Assumable mortgage 可承授的抵押贷款

Assumption of mortgage 抵押债务之承受

Attachment 扣押

Attorney 律师

Auction 拍卖

Audit 审计

Authorization 授权

Authorization to sell 授权出售

Average life 平均使用年限

Avoidance of double taxation 避免双重税

Back order 延期交货

Bad account 呆帐，坏帐

Bad debt 坏帐

Balance 余额，平衡，均衡（原则）

Balance sheet 资产负债平衡表

Balloon payment 汽球式还款，指在分期付款债务中,越后期或最后期所付之金额大于前期，达两倍以上者

Bank 银行

Band account 银行帐户

Bank book 存折

Bank charge 银行手续费

Bank credit 银行信贷

Bank deposit 银行存款

Bank loan 银行贷款

Bank prime rate 银行优惠利率

Bank statement 对帐单

Bankrupt 破产者

Bankruptcy 破产

Basic depreciation 基本折旧

Basic principles affecting the value of real estate 评估房地产价值的基本原则

Behind schedule 拖期

Beneficiary 受益人

Bid 投标

Bid bond 投标保函

Bid price 标价，投标价

Bidder 投标人

Bilateral agreement　双边协议

Bilateral contract　双边合同

Bill of lading　提货单

Bill of payment　付款清单

Bill of quantity　工程量清单，工程量表

Bill of sale　出售证书

Binder　保证书

Bianket mortgage　综合抵押

Blue-print　蓝图

Board of directors　董事会

Bond　保证金，债券

Bonus　奖金，红利

Borrow　借用

Borrower　借款人

Branch　分公司，分支

Bridging loan　过渡性贷款

Broker　经纪人

Broker's commissions　经纪人佣金

Budget　预算

Build　建造

Builder　建造商

Building　建筑物

Building line　建筑红线

Building permit　建筑许可

Bundle of rights　权利束，一束权利，指产权所有权所拥有的受益权利,诸如:使用、处分、收益、继承等权

Burden　间接费用

Bureau　局

Business　商务，生意

Business man　商人，实业家

Buyer　买主，购买人

Buyer's market　买方市场

Business opportunity　营业机会

By-law　组织章程，细则

Capitalize　资本化，资本还原

Cash flow　现金流量

Chairman　主席，董事长

Chamber of commerce　商会

Change　变动（原则）

Charge　费用，索价

Charge on asset　资产留置权

Charge sales　赊销

Chattel　动产

City planning　城市规划

City zoning　城市分区

Claim　索赔，索偿

Claimant　索赔人

Claimer　索赔人

Clause　条款

Client　业主，当事人

Closing costs　过户费

Closing date　截止日期，过户日期

Closing statement　过户结算清单

Cloud on title　产权疑点，产权瑕疵

Collateral　抵押品，担保物

Collection　收款

Color of title　无效产权

Commercial　商业的

Commercial bank　商业银行

Commercial estate　商业用地，商业区

Commission　佣金

Commitment　承诺

Commitment fee　承诺费

Commitment letter　承诺信

Committee　委员会

Common facilities (communal facilities)　公共设施

Common law　习惯法

Common ownership　共有（共同）所有权

Community property　夫妻共有财产

Company　公司

Comparative analysis　比较分析

Compensation　补偿，报酬

Competition　竞争

Competition and excess profit　竞争（原则）

Competitor　竞争者，对手

Complain 申诉

Complaint 申诉人

Compound amount 本利和

Compound interest 复利

Concellable lease 不定期租赁

Concession 特许，优惠

Conciliation 调解，和解

Condemnation 征用，征收

Condition 条件

Condition of contract 合同条款

Conditional loan commitment 条件贷款
承诺，承诺借贷于任何符合某种规定条件
的借款人

Conditional sales contract 条件销售合同

Condominium 共有公寓，共同所有权公寓

Confirm 确认，保兑

Confirmed letter of credit 保兑信用证

Confirmation 确认书

Confiscate 没收，征用

Conformity 适合（原则）

Consequential loss 间接损失

Consideration 契约原因

Consign 委托，托运

Consignee 受托人

Consignment 代售

Constant cost 不变成本

Construct 建设

Construction 建筑施工

Construction loan 施工贷款

Construction notice 公开（产权）登记通
告

Consulat 领事馆

Consult 咨询

Consultant 顾问，咨询人

Consumer price index (CPI) 消费品物价
指数

Contingency 意外事件

Contour 等高线

Contour map 等高线图

Contract 合同

Contract bond 合同保证金

Contract price 合同价

Contractor 承包商

Contribution 贡献（原则）

Conventional loan 协议贷款

Conventional price 协定价格

Cooperative 合作（住宅）

Cooperative construction of residertial 合
作建房

Coowner 共有人

Corporation 有限公司

Corpus 本金

Cost 成本

Cost approach 成本估价法

Cost control 成本控制

Cost of construction 施工成本，建造成本

Council 委员会，议会

Counter claim 反索赔

Counter offer 还价

Court 法庭

Coverage 保额

Credit card 信用卡

Credit guarantee 贷款信用担保

Credit line 贷款限额

Credit terms 贷款条款

Creditor 贷方，债权人

Currency 货币

Currency appreciation 货币升值

Currency depreciation 货币贬值

Current account 活期帐户

Current asset 流动资产

Current capital 流动资本

Current debt 短期债务

Current deposit 活期存款

Customs 海关，关税

Customs broker 清关代理

Customs declaration 报关单

Customs duty 关税

Customer　顾客，买主

Cut off date　截止期

Date　日期

Dated draft　定期汇票

Date due　到期日

Date modification　日期修正

Dead account　呆帐

Dead line　截止期

Dead loss　纯损失

Dead money　闲置资金

Debasement　贬值

Debenture　公司债券，无担保债券

Debit　借方

Debt　债务，欠款

Debtor　债务人

Deceit　欺诈

Declare　申报（海关）

Declining balance method　定率法，余额递减法

Dedication　捐献土地

Deduct　扣除

Deed　契约

Deed of reconveyance　归还契约

Default　违约，拖欠

Default judgment　债务不履行的判决

Defect　缺陷

Defendant　被告

Defer　推迟

Defer payment　延期付款

Deficiency juagment　不足清偿判决

Deficit　赤字，亏空

Deflation　通货膨胀

Defraud　诈骗

Delete　取消

Denounce　通合废除（合同）

Department　部门

Department store　百货商场

Deposit　存款，订金

Deposit receipt　订金收据

Depreciation　贬值，折旧

Depreciation life　折旧年限

Depreciation-age-life method　按使用年限折旧法

Depreciation method　折旧方法

Depreciation-reducing balance methcd　余额递减折旧法

Depreciation-straight line method　直线折旧法

Depreciation-sum of year's digits method　年数和折旧法

Description　摘要，描述

Design　设计

Devaluation　贬值

Develop　发展，开发

Developer　开发商

Development　发展，开发

Deve lopment cost　开发成本

Development profit　开发利润

Devise（房地产）遗赠

Direct cost　直接成本

Director　董事，理事，指导者

Discount　折扣

Discount loan　贴现贷款

Discount rate　贴现率

Dispute　争端

Dispossess proceedings　驱逐诉讼程序，房（地）主因承租人违约而采取的诉讼程序，以驱逐该承租人

District　地区，街区

Divide　划分

Dividend　红利，股息

Dominant tenement　受役地

Double taxation　双重税收

Double taxation relief　免除双重税收

Dow-Jones Index　道·琼斯指数

Downpayment　预付款，头款

Draw　提款

Drawing　图纸

Dual agency　双重代理

Due　到期，应付

Due date　到期日

Duplex　双户住宅，供两家人居住的房屋单元

Durability　耐久性

Duty　关税

Dwelling　住所

Earned income credit　低收入家庭津贴

Earnest money　定金

Easement　地役权

Easement in gross　纯地役权

Economic obsolescence　经济性陈旧

Effective date　生效日期

Embassy　大使馆

Emergency　紧急情况

Emigration　移民

Eminent domain　征用权，政府所拥有因公共目的得以价款强制征收私人产业的权力

Employ　雇用

Employee　雇员

Employer　雇主

Employment　雇佣

Employment tax　工资税

Encroachment　侵占

Encumbrance　他项权利，任何影响不动产所有权或使用权的财产设定上的负担，如留置权、抵押权等

Endorse　背书（用于支票等）

Endorsee　受让人

Endorser　背书人

Engineer　工程师

Equated yield　等值收益

Equity　净值

Equivalent　等量收益

Escalator clause　伸缩条款，合同中规定原定的价款支付额可根据某种状态而调整

Escape clause　解除条款，合同中规定某种情况发生时，当事人可要求解除合同关系，使之无效

Escheat　充公

Escrow　代管，第三方保管，专门处理不动产交易过户手续，提存买卖双方有关交易金额与证件是一位中立第三者

Estate　不动产，地产，权属

Estate for life　终身产权

Estate for years　定期租赁

Estimate　估价，预计

Estoppel　禁止反言原则，禁止当事人事后对自己以前所做之约定加以否认

Evaluate　评价

Eviction　驱逐房客

Evidence　证据，凭证（会计）

Exchange　换汇，交换

Exchange control　外汇管制

Exchange rate　汇率

Exchange risk　汇兑风险

Excise tax　消费税

Exclusive agency　唯一代理，独家代理

Exclusive right to sell　独家销售

Expense　开支，费用

Expire　满期，终止

Express way　高速公路

Expropriation　征用

Extension　延期，延长

Face value　面值

Facsimile　传真

Factory cost　制造成本

Failure　违约，破产

Feasibility study　可行性研究

Federal Housing Administration (FHA)　美国联邦房屋管理局

Federal Home Loan Bank　美国联邦房屋贷款银行

Federal reserve system　美国联邦准备系统

Fee　费

Fee simple estate　绝对拥者权，所有权

Fee tail estate　有限制的绝对拥有权，限定所有权

Federation Internationale des Ingenieurs Conseils (FIDIC)　国际咨询工程师联合会

Fiduciary　信托人

Field survey　现场调查，现场测量

Finance　筹资，财政

Financial　财务的

Financing　筹资，融资

Fire insurance　火灾险

First mortgage　第一抵押

Fixed asset　固定资产

Fixed price contract　固定价格合同

Fixed rate mortgage　固定利率抵押贷款

Flat　一平面单元的公寓住宅单位

Floating exchange rate　浮动汇率

Floating interest rate　浮动利率

Floor land price　楼面地价

Floor space　室内楼地板面积

Foreclosure　抵押拍卖，取消抵押品赎回权，债务人违约，债权人诉请法院所采取的拍卖抵押物以清偿债务的程序

Foreign currency　外币

Foreign debt　外债

Forfeit　没收，罚款

Formal notice　正式通知

Free and clear　（产权）清楚

Free currency　自由货币

Freehold estate　完整产权

Freight　运费

Front foot　临街路段

Functional obsolescence　功能性陈旧

Functions of the market　市场功能

Gain　盈余，收益

Gain and loss　损益

General expenses　一般费用

General manager　总经理

General plan or master plan　总规划图

General power of attorney　特别授权

Geometrical mean　几何平均数

Gift deed　赠与契约

Government　政府

Government bond　政府债券

G. I. loan　美国退伍军人署执行的政府保证贷款

Grace period　宽限期

Grant deed　产权让与契约

Grantee　受让人

Grantor　出让人

Gross income　毛收入，总收入

Gross national product (GNP)　国民生产总值

Gross profit　毛利

Growth rate　增长率

Guarantee　保证，保证书

Guarantee bond　担保书

Guarantee letter　保函

Guarantor　保证人

Hard currency　硬通货

Harper rule　哈柏法则

Head office　总公司

Head quarter　总部

Head tax　人头税

Health Insurance　健康保险，医疗保险

Hectare　公顷，十进位制的土地衡量单位，等于10000平方米

High way　高速公路

Highest and best use　最有效使用（原则）

Hire　租用

Hoffman rule　霍夫曼法则

Holder in due course　善意持有人

Hold harmless clause　无害持有条款，条款规定因协议事由而遭致的损失，当事一方同意赔偿他方

Homestead　自用住宅

Hotel　旅馆

House 住宅，房屋

Housing saving system 住房储蓄制度

Hypothe cate 抵押担保

ICC (International Chamber of Commerce)
　国际商会

ICE (Institution of Civil Engineers) 土木
　工程师协会

Illegal contract 非法合同

Illegal profit 非法利润

Illiquidity asset 非流动性资产，不能迅速
　转变成现金的资产

Implied contract 默认合同

Import agent 进口代理商

Import duty 进口税

Import licence 进口许可证

Import quota 进口限额

Income 收入

Income approach appraisal 收益测算法

Income distribution 收益分配

Income tax 所得税

Imcompetent 无行为能力者

Incorporeal rights 非实体权，在不动产上
　取得处分，使用等权而非实际占有，如地
　役权等

Increasing and decreasing returns 收益递
　增递减（原则）

Increment 增值

Indemnify 补偿，保护

Indemnity 赔偿，补偿

Indirect cost 间接成本

Indirect expense 间接费用

Individual proprietorship 独资

Indorsee 受让人

Indorsement 背书（支票）

Indorser 背书人

Inflation 通货膨胀

Influences on value of real property 影响
　房地产价值的因素

Inform 通知，报告

Information 资料，情报

Infringement 侵权行为

Inheritance 继承权

Initial 草签

Injunction 强制令

Inquiry 查询

Inspection 检查，检验

Installment 分期付款

Installment sales 分期付款销售（房地产）

Institute 学会，协会，学院

Insurance 保险

Insurance company 保险公司

Insurance coverage 保险金额

Insurance policy 保险单

Insurance premium 保险费

Intensity of uses 使用强度

Interest 利息

Interest rate 利率

Internal rate on return 内部收益率

Inverse condemnation 反征收

Investment 投资

Investment decision 投资决策

Investor 投资者

Invoice 发票

Involuntary conversion 非自愿性转让，强
　迫出让或交换

Involuntary lien 法定留置权

Irrevocable 不可撤消的

Item 条款，项目

Joint ownership 共同所有

Joint uenture 合伙，合资

Judge 审理，法官

Judg(e)ment 判决

Land 土地

Land acquisition 购买土地

Land development financing 土地开发融
　资

Land feature 地貌

Land lord 地主

Land mark　界标，里程碑

Land price analysis　地价分析

Land rent　地租

Land scape　景观，外景

Land system　土地制度

Land tax　土地税

Land using for value　土地有偿使用

Law　法律，法规

Law court　法院

Law of company　公司法

Law suit　诉讼

Lawyer　律师

Lease　租赁

Leasee　承租人

Leasehold　租赁权

Legal　法定的，合法的

Legal description　地籍描述

Legal person　法人

Legal title　所有权

Lend　借出，贷款

Lender　出借人

Lending rate　贷款利率

Less-than-freehold estate　非完整产权

Letter of application　申请书

Letter of attorney　代理证书，授权书

Letter of credit　信用证

Leverage　杠杆操作，借助他人的资金达到
　赚钱的目的

Liability　债务，义务，责任

Liability of acceptance　承兑责任

Liability insurance　责任险

LIBOR (London Inter-Bank Offered Rate)
　伦敦银行同业存放利率

Licence　许可证执照

Lien　留置权，扣押权

Life estate　终身产权

Life of expectancy　使用年限

Life insurance　人寿险

Like for like　类物交换，同类性质的产业

交换

Liquidate damage　违约罚款

Liquidation value　清算价值

Loan　贷款

Loan application　贷款申请

Loan rate　贷款利率

Loan shark　高利贷者

Loan-to-value-ratio　贷款价值比

Location　位置

Lose，loss　损失

Lot　区，地块，建筑基地，宗地

Lot book description　地册描述法

Main contractor　总承包商

Maintenance　维修

Management　管理

Manager　经理

Managing director　执行董事

Marginal land　边际土地，为经济现状下不
　值得开发利用的土地

Market　市场，行情

Marketability　变现性，可销售

Market analysis　市场分析

Market data approach　市场资料比较法

Material　材料

Maturity　到期日

Maturity date　到期日

Master plan　纲要计划

Measurement　计量

Mechanics'lien　劳务留置权，技术留置权

Median　中位数

Meeting　会议

Membership　成员资格

Memo（Memorandum）　备忘录

Merchant　商人，商业的

Message　消息

Metes and bounds description　边界描述
　法

Mobilization　动员

Mode　方式，众数

Mode of payment　支付方式

Model house　样板房

Modification　修改

Money　金钱，货币

Money order　汇款单

Monthly　月度的，每月

Monthly payment　每月付款

Monthly statement　月报表

Mortgage　抵押

Mortgage expense　抵押贷款费用

Mortgage discounts（points）　抵押贷款贴
　现（点数）

Mortgage loan　抵押贷款

Mortgagee　受押人

Mortgagor　出押人

Motel　汽车旅馆

Multiple listing　复式授权，享有独占销售
　权者，将其授权公开，与其他经纪人共同
　合作销售，共享佣金

Natural resource　自然资源

Negotiable　可转让的，流通的

Negotiable instrument　流通票据

Negotiation　谈判，协商

Neighborhood　社区环境

Net　净的

Net amount　净额

Net asset　净资产

Net income　净收入

Notary　公证

Notary public　公证人

Notice　通知，通告

Notice of completion　竣工通知

Notice to quit　逐（房）客通知

Notification　通知书

Null and void　依法无效

Obligation　义务，责任

Occupant　占有人，居住者

Occupancy rate　占用率

Occupation　居住，占用

Occupy　占有，居住，租用

Offer　报价，卖价

Office　办公室

Office building　办公楼

Officer　公务员，官员

Official　正式的

Official exchange rate　法定汇率

Open-end mortgage　续借抵押

Operating　运营，操作

Operating expense　管理费

Option　优先权

Order　定单，命令

Ordinary depreciation　正常折旧

Or more clause　提前清偿务款，允许借款
　人提前偿还部分或全部债款而不加处罚
　的条款

Outlawed　丧失时效

Over due　过期未付

Over head　管理费，间接费用

Orersea　海外的

Owe　欠债

Owner　业主

Ownership　所有权

Ownership of real property　房地产的拥
　有权

Packaged mortgage　整批抵押贷款，以不
　动产及其内部所附动产共同设定的一笔
　完整贷款

Participation loan　参与贷款，共同贷款

Partition action　分割行动，经由法律程序
　分割

Partner　合伙人

Partnership　合伙关系

Passport　护照

Pay　支付

Payable　应付款

Payback　回收

Payback period　回收期

Payment　支付

Payment in advance　预付款
Payment in cash　现金支付
Payroll　工资单
Penalty　罚款
Penalty clause　惩罚条款
Pension　退休金，养老金
Perform　履行
Performance　履约，实施
Period　周期
Periodic tenancy　不定期租赁，期间租赁
Permit　许可证，通行证
Personnel property　动产
Physical deterioration　自然退化
Plan　计划
Plat　地籍图
Pledge　抵押，典当，抵押品
Plottage　地块面积
Points　点数
Police power　警察权
Policy　保险单，政策
Pollution　环境污染
Power of attorney　授权书
Prepayment　预付款
Pre-qualification　资格预审
Present value　现值
Probate　遗嘱认证
Proration　比例分配
President　总裁，总统
Price　价格
Prime rate　优惠利率
Priorities of recording　登记优先权
Proceedings　诉讼
Profit　利润
Profit rate　利润率
Progression　增进（原则）
Project　项目
Project appraisal　项目评估
Project design　工程设计
Project manager　项目经理

Promissory note　期票
Property　财产
Property right　产权
Property tax　财产税
Pro-rata　按比例
Public sale　拍卖
Public utility　公用事业
Publish　公布，发布
Purchase　购买
Quality　质量
Quantity　数量
Quiet enjoyment　安宁享有权，所有人或
　房客合理使用产业，不受干扰的权利
Quiet title action　安宁所有权诉讼
Quit-claim deed　弃权契约，权利放弃契
　约，出让人转移所有可能的权利，放弃其
　所有权权利主张的法律文件
Quotation　报价
Quote　开价
Rate　比例，费率
Rate of exchange　汇价，（外汇）兑换率
Rate of interest　利率
Rate of return　收益率
Rate of taxation　税率
Ratio　比率
Raw land　生地
Real estate　房地产，不动产
Real estate appraisal　房地产估价,房地产
　评估
Real estate development　房地产开发
Real estate investment trust　房地产信托
　投资
Real estate market　房地产市场
Real estate settlement procedure　房地产
　过户程序
Real property　不动产
Real property tax　房地产税
Rebuild　重建
Recognize　确认

Reconveyance deed　归还契约

Record　记录

Recording　登记

Recording Act　登记法案

Recording index　登记索引

Recourse　追索权

Recovery fund　赔偿基金

Redemption　赎回

Reduce　降低，减少

Reducing balance depreciation method　余额递减折旧法，净值折旧法

Reduction　降价

Refinancing　再融资

Region　地区

Regression　回归（原则）

Reject　拒绝

Relationship　关系

Release　解除，放弃

Release of mortgage　解除抵押

Rent　出租，租金

Rental control　租金控制

Repayment　还款，偿还

Report　报告

Representative　代表，代理人

Reputation　信誉

Requisitioning　征用

Resale　转卖

Residence　住宅

Resident　居民

Residential member （RM）　住宅会员

Retail　零售

Retail building　商店建筑

Retention　保留金

Retum　返回，收益

Revenue stamps　印花税

Right　权力

Risk　风险

Safe　安全

Salary　薪金

Sale　销售

Sales commission　销售佣金

Sales comparison approach　售价对比法

Salesman　推销员

Salesperson　销售员

Sales price　售价

Salvage value　残值

Sample　货样，实例

Saving　储蓄

Saving deposit　储蓄存款

Scarcity　稀少性

Scrap value　残值

Second loan　次级抵押贷款，第二顺位抵押贷款

Secondary mortgage market　次级抵押贷款市场

Section　区

Section，township and range description　分块描述法

Security deposits　押金

Sell　销售

Seller　卖主，卖方

Seller's market　卖方市场

Senior real estate property appraisers （SR-PA）　高级不动产估价师

Senior real estate analyst （SREA）　高级房地产分析家

Senior residential appraisers membership （SRA）　高级住宅估价师

Service　服务，劳务

Servient tenement　供役地

Shape　形状

Share　分配，股份

Share holder　股东

Shopping center　购物中心

Short term loan　短期贷款

Sign　签字

Signature　签名

Single family house　单户住宅

Site　现场

Site geological investigation　工程勘察

Size　尺寸

Social insurance　社会保险

Social security tax　社会安全税

Society of real estate appraisers (SREA)
　房地产估价师学会

Sole agent　独家代理，唯一代理

Somers rule　苏幕斯法则

Special assessment tax　特加房地产税

Specialist　专家

Specification　说明书，规格

Sponsor　担保人，发起人

Stamp tax　印花税

Statement　报表，清单

Statement of cash flow　现金流量表

Statute　法令，法规

Statute law　成文法

Statute of frauds　欺诈法规

Statute of limitations　时效法规

Statutory right　法定权利

Stock　股票，股份，存贷

Stock cooperative project　合作公寓股权

Stock holder　持股人

Straight loan　整笔偿还债券

Straight method of depreciation　直线折旧
　法

Sub-lease　二次租赁，转租

Subrogation　法律代位权

Sub-urban　市郊区

Subway　地下铁道

Submit　提交

Subsidary　分公司

Subsidary company　分公司，子公司

Substitution　替代（原则）

Suit　诉讼，控告

Sum　总数，总和

Sum of the year's digits depreciation　年
　数和折旧法，年限总额折旧法

Supervisor　监理

Supply and demand　供求（原则）

Supreme court　最高法院

Surplus productivity　收益分配（原则）

Syndicate　辛迪加企业组合

Tax　税

Tax accrued　应计税金

Tax bearer　纳税人

Tax collector　收税员

Tax credit　税额减免，抵免

Tax day　纳税日

Tax exclusion　免税

Tax exempt　免税

Tax on business　营业税

Tax on income　所得税

Tax on property　财产税

Tax rate　税率

Tax refund　退税

Tax relief　减免税

Taxation　征税

Temporary loan　短期贷款

Tenancy in common　普通共有财产

Tenancy in partnership　合伙共有财产

Tenant　承租人

Tender　投标

Term　期限，条款

Term lease　定期租赁

Term of payment　支付条款

Terminate　终止

Termination of contract　终止合同

The Appraisal Foundation　估价基金组织

The National Association of Realtors
　(NAR)　美国全国房地产同业公会

The residual method　剩余法

The right of taxation　课税权

The Royal Institution of Chartered
　Surveryor (RICS)　皇家特许测量师学
　会

The unit foot appraisal method　路线价估

价法

Time adjustment　时间修正

Title　产权，所有权

Title deed　契据

Title transfer　产权转移

Total　总计

Total assed　资产总额

Total cost　总成本

Total income　总收益

Trade　贸易，商务

Transfer　转移，转让，过户

Transfer tax　财产转移税

Transferability　可转让的

Trust　信托，信任

Trust bank　信托银行

Trust company　信托公司

Trust deed　信托契约

Trustee　受托人

Truth-in-Lending Act　信贷法案

Unearned increment　自然增值，指非因所有人的努力而获致产业价值上的增加，如因社会 进步或城市计划改变等。

Unit　单位

Unit foot appraisal method　路线价估价法

Unlimited liability　无限责任

Urgent　紧急的

Usury　高利贷

Usury law　高利贷法

Utility　公用事业，实用性

Vacancy　闲置率，空房率

Valuation　计价，估价

Value　价值，数值

Value added tax　增值税

Value in exchange　交换价值

Value in use　使用价值

Venture　风险

Venture investment　风险投资

Verification　作证

Vice chairman　副董事长，副主席

Vice president　副总裁

Void　无效的

Volume rate　容积率

Wage　工资

Waive　放弃

Waive right of claim　放弃索赔权

Warning　警告

Warrant　保证

Warranty deed　担保契约，无债权契约

Warranty period　抵押期

Wear and tear　损耗

Weighted average　加权平均

Wills　遗嘱

Withdrawal　提款

Witness　见证人

Wrap-around mortgage　包裹式贷款,抵押人以同一抵押物申请包裹式贷款(即等于第一与第二顺位两笔综合贷款)，以新贷得的资金支付原贷款的每月本息

Years purchase　购买年

Yeild rate　收益率

Zone　区域

Zoning　土地分区使用规划

Zoning map　土地分区使用规划图

Zoning ordinance　土地分区使用规划条例

参 考 书 目

1　中国房地产及住宅研究会房地产评估委员会·房地产评估·1990～1993年合订本

2　柴强编·房地产价格评估·北京：中国物价出版社，1993

3　吕华编·房地产估价·上海：同济大学出版社，1990

4　叶跃先等编·国外房地产业·中国企业文化研究院，1990

5　陈满雄编·不动产估价·内部参考

6　解时村编·美国房地产买卖投资·北星图书事业股份公司

7　周佚农等编·中国房地产百科全书·北京：世界知识出版社，1994

8　Real Estate Courses Student Studg Guide

9　Real Estate Appraisal & Valuation

10　陈广言主编·深圳房地产估价管理·天津：天津科学技术出版社，1993

ISBN 7-112-02794-2

9 787112 027941 >

（7904） 定价：9.40 元